Sag ‚Ja' zur Liebe

Gott erklärt die Seelengefährten

durch
Yaël und Doug Powell

Neue erweiterte zweite Ausgabe.
Aus dem Amerikanischen übersetzt
von Birgit van de Camp

R. Lippert-Verlag

Aus dem Amerikanischen übersetzt von

Birgit van de Camp

Überarbeitung: Renate Lippert

Titelbild: Rudolf Lippert

Gestaltung: Renate und Rudolf Lippert

Deutsche Erstausgabe 2010

© COPYRIGHT

by R. Lippert Verlag, Hartgass 9, D-88639 Wald.

Tel.: 07578-2229, Fax: 07578-933194

www.lippert-verlag.de

e-mail: service@lippert-verlag.de

In Deutschland gedruckt

ISBN 978-3-933470-94-2

Lesermeinungen

„Ich lese diese Botschaften sehr langsam, denn es ist so, als würden nicht meine Augen sie lesen, sondern mein Herz. Es ist, als wäre ich gerade nach Hause gekommen. Eure Botschaften sind so „sanft“. Ich weiß nicht, wie ich sie sonst beschreiben soll. Es fühlt sich an, als würde man in etwas sehr Zartes eingehüllt. Ich weine die ganze Zeit, wenn ich sie lese... Ich fühle mich so sehr geliebt.“ Paula Launonen, Ravenna, Italien

„Worte sind völlig ungeeignet, um zu beschreiben, wie diese Bücher mein Leben berührt haben, besonders *Gott erklärt die Seelengefährten*. Ich habe immer gedacht, dass Beziehungen so sein können, habe es aber nie Schwarz auf Weiß vorgefunden. Und hier war es dann, so perfekt beschrieben. Ich verschlang es, wie ich es mit der feinsten ‚Crème brûlé‘ machen würde und hörte nicht mehr auf, bevor ich nicht auch das letzte bisschen vertilgt hatte und begehrte dann noch mehr davon. Es geschah zu einer Zeit, als ich zu meinen Freunden sagte: „ich habe meine Zwillingsflamme gefunden“, ohne zu wissen, was es bedeutete. Jetzt weiß ich es.“ Carol Davis, Cat Spring, Texas

„Die Botschaften von Gott zu lesen ist wie eine Zwiesprache mit Gott. Obwohl sie an die ganze Menschheit gerichtet sind, können sie auch eine sehr persönliche Erfahrung sein. Wenn man die Botschaften von

Gott liest, öffnet sich das Herz und es wird offen bleiben, wenn man es will. Eine Kaskade von sprühender, frischer, fließender, farbiger Liebesenergie. In Liebe von der Liebe an die Liebe und mehr Liebe erschaffend. Ich werde immer dankbar dafür sein." Tiziana Paggiolu, London, England

„Alles in den Botschaften erklingt so tief in mir. Ich bin erstaunt, dass ich so viel gefunden habe, das mir bereits in Visionen und Träumen enthüllt worden war... manchmal raubt es mir den Atem! Es hat alles so sehr bestätigt, was ich bereits geglaubt habe. Vielen Dank an euch alle dafür, dass ihr das Bedürfnis verspürt habt, die Botschaften mit Anderen zu teilen. Sie haben so viel für mich auf meiner Reise bedeutet. Es ist ein bisschen so, wie wenn man ein Boot steuert und sich dabei nach den Sternen richtet und dann eines Tages ein Geheimfach voller Karten entdeckt, die einem zeigen, wo all die Anlaufhäfen sich befinden. Das macht es so viel einfacher an den gewünschten Ort zu gelangen!" Diane Dunville, Lanexa, VA

„In all meinen Studien, meinen Erkenntnissen und meiner spirituellen Praxis im Laufe der Jahre fand ich heraus, dass jede Lehre nur einen Schritt darstellte, nur einen Teil des Prozesses. Ich habe erfahren, dass jeder von uns so viel mehr ist als unsere begrenzten Erfahrungen uns gezeigt haben. Ich schien das größere Bild zu brauchen. Ich begann zu glauben, dass ich einfach noch nicht bereit oder offen genug war, um jene göttliche Manifestation zu empfangen. Dann kam *Sag ‚JA' zur Liebe*. Diese Anmut, diese Größe, diese Bestätigung, dass wir so viel mehr sind, als wir uns jemals vorstellen können, haben mich in ihrer Kühnheit angesprochen. Die gesamte Mitschöpfung war vereinfacht und fand eine starke Resonanz in mir. Das beständige Thema ist, dass wir in Wirklichkeit nur Liebe sind und dass wir viel mehr sind, als wir jetzt erfassen können. *Sag ,JA' zur Liebe* ist auch sehr praktisch; vor allem hinsichtlich dessen, wie wir in einer Welt der Dualität funktionieren können, wenn man weiß, dass nur die Liebe real ist. Gerade als der Druck der Dualität durch Andere mein Wissen zu untergraben begann, kam dieses Buch zu Hilfe, um mich sanft zu führen. Genauso wie der Schöpfer es versprochen hat." Peggy Zetler, Dillon, Montana

„Diese Botschaften sind überwältigend, klar, schön, reaktivierend, bewegend bis in den Kern meines Wesens. Dieses Material erinnert mich an Zuhause, die Ganzheit meines Wesens auszudrücken und es erinnert mich auch daran, wie nah wir dem Zuhause jetzt sind und an meine Zwillingsflamme. Allein schon die Bücher zu haben und ihren Inhalt zu kennen, ist ein kleines Zeichen der Ekstase, die kommen wird." Karen Porrit, U.K.

„Diese Botschaften, von Yaël Powell getreu dokumentiert, kamen genau zur richtigen Zeit in mein Leben und dienten der Bestätigung dessen, was meine Zwillingsflamme und ich bereits selbst entdeckt hatten, ohne irgendeinen äußeren Einfluss. Ich kann persönlich über die Gültigkeit der Zwillingsflammen-Beziehung sprechen, da ich in meinem Leben so gesegnet war mit meiner Zwillingsflamme zusammen zu sein. Um unsere Geschichte wird es zu einer anderen Zeit und an einem anderen Ort gehen, aber es ist wichtig, ohne Vorbehalt auszusprechen, dass die Wahrheit der Bindung zwischen den Seelengefährten, so wie sie durch die Botschaften von Gott ausgedrückt wird, keine Erfindung oder idealisierte Sicht davon ist, was Liebe sein kann... Es ist die größtmögliche Liebe, die Liebe unseres Schöpfers für uns und die Fähigkeit diese Art von Liebe innerhalb unserer Seelengefährten-Verbindung zu erfahren." Rev. Adelle Tilton, The Church of Interfaith Christians, NE

Widmung

Dieses Buch ist Gott gewidmet,
der uns in der Entfaltung unserer
Seelengefährten-Beziehung
so vollkommen geführt hat.

Wir widmen dieses Buch auch
dem Erwachen der Menschheit –
mit unserem Gebet, dass jeder Mensch
sich den wunderbaren Möglichkeiten
der Seelengefährten-Beziehung öffnen möge.

Dieses Buch ist auch Shanna gewidmet,
denn allein ihre Anwesenheit in unserem Leben
ist eine Botschaft von Gott,
die bestätigt, wer wir zusammen sind.
Und sie ist es, die diese Botschaften
in ihre gedruckte Form bringt.

Sag ‚Ja' zur Liebe
Gott erklärt die Seelengefährten

Neue erweiterte zweite Ausgabe

Inhalt

Danksagungen

Ich möchte meine Dankbarkeit ganz besonders zwei Frauen aussprechen, die ein großes spirituelles Licht in meinem Leben darstellten. Die erste ist Suzanne Muller, die meine erste Lehrerin war und die Frau, von der ich ordiniert wurde. In den sieben Jahren meines Studiums bei ihr öffnete sie meine Augen für das gesamte Spektrum spirituellen Glaubens und durch sie fand ich festen Halt auf dem spirituellen Pfad. Vor dreißig Jahren führte sie mich in die Meditation ein und etablierte so in meinem Leben jene spirituelle Praxis, die dann letzten Endes das Geschenk dieser Botschaften hervorbrachte.

Auch möchte ich Bernadine Greer danken. Bernadine war das großzügigste und das schönste Licht, das ich jemals gekannt habe. Bernadine war in meinem Leben, als ich in den ersten Jahren mit einer solchen Behinderung umgehen musste, dass ich mich kaum bewegen konnte. Sie saß stundenlang bei mir am Bett und umgab mich mit Liebe und vor allen anderen Dingen gab sie mir Hoffnung. In einer ihrer Lesungen hörte ich zum ersten Mal, dass ich etwas hervorbringen würde, etwas Spirituelles, das die Welt segnen und erneuern würde. Bernadine ist nicht mehr in der physischen Welt. Ich denke oft an sie und spüre manchmal ihre Gegenwart. Es macht mein Herz froh, wenn ich mir vorstelle, wie sie über mich wacht.

Ich danke Leslie Oelsner und ihrem Mann Geoff. Leslie ist immer die beste Freundin gewesen, die eine Frau haben kann. Sie und Geoff haben mich während der letzten achtzehn Jahre mit Liebe und Licht unterstützt.

Mein Dank geht auch an Jim und Lorraine May, wahre Freunde, die immer bereit waren die spirituelle wie auch die persönliche Reise gemeinsam mit mir zu unternehmen. Als Medizinmann der amerikanischen Urbevölkerung (ewig der Kojote) ist Jim sowohl der Listige als auch der große Bruder. Lorraine hat das sanfte Wesen der wahren göttlichen Weiblichkeit. Das Engagement der beiden ist immer eine Inspiration gewesen.

Ich danke meiner Seelenschwester Michelle, die wichtiger für mich ist, als Worte es ausdrücken können, obwohl unsere physischen Wege sich selten kreuzen.

Paula, Selena und Aric danke ich für das Tippen und mein Dank geht auch an all die Menschen, die mein Leben berührt haben und mich wachsen ließen. Es ist nicht möglich jedem Einzelnen zu danken, außer indem ich sage: bitte wisst, dass ihr in meinem Herzen seid.

Ich danke Mary, deren Leben vollkommen Gott gehört und welche die Botschaften getippt hat und dies immer noch mit Hingabe und mit Liebe tut; ihrem Seelengefährten Steve und ihrem Sohn Michael. Michael ist der erste junge Mensch, den ich gekannt habe, der ganz im Bewusstsein der spirituellen Wirklichkeit aufgewachsen ist und er ist unglaublich!

Ich danke allen, die mein Leben berührt haben!

Yaël

Auch wenn es manchmal so scheint, als würden wir alles alleine machen, findet sich zu anderen Zeiten Hilfe an jeder Biegung. Jene Menschen sind natürlich so zahlreich, dass man sie nicht nennen kann. Aber es hat einige herausragende Vorbilder in meinem Leben gegeben.

Zuallererst sind da meine Eltern, Art und Betty Powell. Nach fast 60 Ehejahren sind sie immer noch verliebt und sind sich gegenseitig eine große Stütze. Wahre Seelengefährten!
Meine drei Brüder und meine Schwester sind auch alle in liebevollen Beziehungen. Einige von ihnen haben Familien gegründet und einige sind jetzt Großeltern. Alle sind sie engagierte Partner.

Ich möchte auch der Männergruppe in Eureka Springs danken. Zwölf Jahre lang sind sie bereits für mich und füreinander durch dick und dünn gegangen und tun es immer noch.

Mein Mentor, Coach Molly Seeligson hatte wahrscheinlich den bedeutendsten Einfluss während meiner Übergangsphase. Sie half mir, als ich von einem Unternehmer, einem Geschäftsmann, einem Workaholic zu einem wirklich engagierten Seelengefährten und Ehemann wurde. Es war schwierig für mich loszulassen, wer ich zu sein glaubte, so dass ich werden konnte, wer ich zu sein bestimmt war. Allen Anderen danke ich und segne euch für die Rolle, die ihr dabei gespielt habt, mir zu helfen, derjenige zu werden, der ich geworden bin.

Frieden,
Doug

Vorwort

Habt ihr jemals gespürt, dass eine unsichtbare Hand euer Leben geführt hat? Nun gut, diese Hand hat mich zu den Botschaften gebracht, die ihr jetzt lesen werdet – aber es war eine lange Strecke mit Umwegen. Darf ich ein bisschen von der Geschichte mit euch teilen?

In den frühen 80-er Jahren war die Musik mein Beruf. Ich war Verwaltungsdirektorin eines professionellen Kammerorchesters gewesen und wurde dann für fünf Jahre die Vorsitzende der Abteilung für Musik am Santa Fe College (New Mexico). Während dieser Zeit erhielt ich auch einen zusätzlichen Auftrag – die Entwicklung eines neuartig gestalteten Programms für Erwachsene, die ans College zurückkehren. Als ich für dieses Programm Menschen interviewte, Menschen, deren Werdegang ihren Lebensbedürfnissen nicht mehr entsprach, begann ich festzustellen, *dass ich einer von ihnen war!* Etwas Mächtiges zwang auch mich zu einem bedeutenden Wechsel.

Ich begann noch einmal zu studieren und beendete mein Studium mit einem Meister-Abschluss im Bereich der Beratung. Das Leben nahm einige unerwartete Wendungen, bevor der Wechsel voll zum Tragen kam. Aber schließlich fand ich meinen speziellen Platz als Betreuerin an einer öffentlichen Grundschule in Maine und dann in North Carolina. Die letzten elf Jahre in diesem Beruf haben mir eine tiefe Wertschätzung vermittelt für die Schönheit und Vollkommenheit der Entfaltung jedes einzelnen Menschen. Indem ich mich bedingungslos diesen wunderbaren kleinen Kindern widmete, wurde meine eigene schmerzhafte Kindheit leise geheilt.

Während dies meine äußere Welt war, ging es in meiner inneren Welt völlig um Spiritualität und Metaphysik. Wie kann man heute auf dem Planeten Erde unterwegs sein, ohne zu fragen, worum es bei diesem Leben hier geht? Mein persönlicher Weg führte mich zu hunderten von Büchern, einem wichtigen Lehrer, vielen Selbstheilungsmethoden und Workshops, zu Meditation und aufrichtigem Gebet und vor allen Dingen zu ständigem Überprüfen und Nachfragen. Ich hatte immer tief im Inneren ein anhaltendes Gefühl gehabt, dass es für mich eine spirituelle Aufgabe gab, zu der ich noch keine Verbindung aufgenommen hatte. All meine Gebete hatten die Antwort nicht gebracht. Das war eine Quelle großer Frustration für mich.

2001 befand ich mich in einem Gefühl von überwältigender Rastlosigkeit. Ich hatte kürzlich die Schule gewechselt, aber durch die Herausforderung der neuen Umgebung war der Drang nach etwas, von dem ich nicht wusste, was es war, nicht schwächer geworden. Wieder griff die unsichtbare Hand ein und führte mich zu einem Astrologen, Julian Lee, der darauf spezialisiert ist die beste geographische Lage für jemanden zu finden. Ich hatte die Astrologie studiert und hatte Respekt vor diesem Werkzeug. Julians Informationen zeigten, dass Nordwest Arkansas die optimale Gegend für die Entfaltung meines Lebens im kommenden Jahrzehnt sei. Nichts hätte mich mehr überraschen können. Ich war noch nie in Arkansas gewesen und hätte mir nie das Ozark-Plateau als meine zukünftige Heimat vorstellen können.

Am 17. Juli, der als günstiges Datum vorgeschlagen war, begab ich mich auf eine Erforschungsreise und flog nach Fayetteville in Arkansas. Ich

18

empfand eine Mischung aus Abenteuer, Beklommenheit, Mut und Entschlossenheit. Ich hatte keine Vorstellung davon, was ich finden würde. Meine einzigen Quellen waren eine Reihe von Namen und dank des Freundes eines Freundes eine freie Übernachtungsmöglichkeit. Als ich bei meiner Gastgeberin ankam, wurde ich eingeladen an einer Feier teilzunehmen, die sich um ein einzigartiges Paar drehte, Yaël und Doug Powell. Etwas höchst Magnetisches umgab Yaël und Doug; es war ihre offensichtlich lebendige Liebe füreinander, die jedes ihrer Worte und jede ihrer Bewegungen durchdrang. Ich war fasziniert. Ich erfuhr, dass Yaël an das Haus gebunden war und in ständigen Schmerzen lebt durch eine genetische Erkrankung der Wirbelsäule, die ihre Bewegungsfähigkeit stark einschränkt. Sie waren nur an diesem besonderen Abend von ihrem Haus in Eureka Springs nach Fayetteville gereist – ein seltener Ausflug – weil es Yaël's Geburtstag war.

Nach dem Abendessen las Yaël eine der „Botschaften von Gott" vor, die in dreißig Jahren täglicher Meditation über sie durchgegeben worden sind. Ich spürte eine unglaubliche Aufregung und ein erhebendes Gefühl durch die außergewöhnliche Schwingung, die entstanden war, und durch die erstaunlichen Informationen dieser Botschaft. Das Thema waren die Seelengefährten. Die Botschaft ist in diesem Buch.

Ich verabredete mich mit ihnen in ihrem Haus in Eureka Springs am Bibersee. Dort haben sie ein wundervolles Lichtzentrum geschaffen, *Circle of Light*, und dazu gehört die Hochzeitskapelle, die Grundlage ihrer Dienstleistungen und ihres Dienstes ist. Wir verbrachten zwei segensreiche Tage miteinander, erneuerten unsere Verbindung, teilten unsere Leben und spirituellen Reisen miteinander und erkannten einander als die alte Seelenfamilie, die wir sind. Ich habe nie größere Liebe empfunden. Unsere Zusammenkunft war göttlich geführt, Schritt für Schritt. Yaël zeigte mir fünfzig handgeschriebene Notizbücher mit Botschaften von Gott! Ich hatte endlich meine spezielle Aufgabe gefunden. Ich verpflichtete mich auf der Stelle, dabei zu helfen, der Welt dieses erleuchtete und so sehr benötigte Material zu bringen. An Weihnachten 2001 war ich in meinem neuen Zuhause im spirituellen Zentrum *Circle of Light*.

Und die Botschaften? Jeden Tag gibt Yaël sich Gott in der Meditation hin und dabei entstehen manchmal bis zu 25 handschriftliche Seiten von herausragender Führung für die Menschheit. Viele handeln von der Wichtigkeit der Seelengefährten-Beziehung, die bis dahin auf diesem Planeten nicht verstanden wurde. Die Botschaften führen oft auch jeden von uns persönlich und geben uns spezielle Aufgaben. Es war eine Botschaft im Oktober 2001 (bevor ich ins *Circle of Light* Zentrum umzog), die uns drängte, das erste Buch so schnell wie möglich der Welt zur Verfügung zu stellen. Es folgte eine gewaltige Welle von Teamarbeit per Telefon, Fax und Email und es ist die zweite Ausgabe dieses Buches, die nun hier vorliegt.

Yaël und Doug haben viele physische und emotionale Widrigkeiten überwunden, sowohl einzeln als auch in ihrer Beziehung während ihrer vierzehnjährigen Ehe. Ihre Reinheit und ihr Glaube strahlen nach außen und das Gefühl, das ihre Worte hervorrufen, ist unbestritten. Sie halten ein seltenes Leuchtfeuer des Lichtes in ihren Händen für eine verwirrte

Welt. So wie Gott es ihnen gesagt hat: „Mein Ruf an die Menschheit ist in diesen Botschaften verankert. Ihr Geliebten, wenn die Beziehung zwischen uns klar und wahr ist, werden Andere es wissen... sie werden meine Gegenwart spüren. Meine Liebe schwingt in euren Worten. Ich schreibe durch euch an die Welt."

Ich lade euch ein, euer Herz zu öffnen und eine Welt zu betreten, in der es nur die Liebe gibt; eine Welt der Schönheit, des Friedens und der Hoffnung und vor allen Dingen eine Welt der Verbindung mit eurem Seelengefährten durch die Botschaften von Gott.

Shanna Mac Lean
Eureka Springs, AR
März 2003

Einleitung

Es war im Dezember 1986, zur Wintersonnenwende. Doug und ich hatten gerade geheiratet. Wir saßen zusammen, um zu meditieren – eine Übung, die ich zu diesem Zeitpunkt schon seit fünfzehn Jahren treu befolgt hatte; eine Übung, die mir viel gegeben und mich unterstützt hatte, als mein Sohn starb und während ich meine körperliche Beweglichkeit durch eine schwere genetische Erkrankung verlor.

Zwei Jahre zuvor hatte ich erstmals Botschaften erhalten. Sie begannen zu der Zeit, in der ich meine Beweglichkeit verlor. Ich hatte große körperliche und emotionale Schmerzen. Ich dachte sehr ernsthaft darüber nach, mein Leben zu beenden. Während dieser dunklen Nacht wandte Gott sich mir mit unglaublicher Liebe zu und gab mir die Kraft weiterzumachen. Es bestand kein Zweifel, wer mich emporhob und mein Vertrauen in das Leben erneuerte. Die Botschaften waren damals „Blitze" von Liebe und Licht. Ich wurde in Gottes heilige Gegenwart eingehüllt. Mir wurde „spontanes Verständnis" zuteil, wenn irgendetwas in mir Erleuchtung brauchte. Es war, als ob ich ein „Paket" erhielt, das komplett war – all die Liebe und all die Informationen – die alle gleichzeitig in meinem Kopf „abgegeben" wurden. Zu jener Zeit hielt ich diese Erfahrungen in einer der Poesie ähnlichen Form fest. Die Einsichten waren wie Leuchtfeuer und die Liebe hielt mich aufrecht, während ich die Kraft sammelte, mich wieder mit dem Leben zu verbinden.

An jenem Dezembertag saß ich nun zum ersten Mal mit Doug, meinem neuen Ehemann und der Liebe meines Lebens, zusammen. Obwohl wir noch manch einen steinigen Weg vor uns liegen hatten, wussten wir bereits damals, dass das Schicksal uns füreinander bestimmt hatte. Ich schloss meine Augen und berührte Dougs Hand. Mein gesamtes Wesen explodierte und wurde zu Licht – ein liebendes, pulsierendes Licht voller Bewegung und Helligkeit. Tanzende gold-weiße Partikel leuchteten überall um mich herum und fügten sich zu einem größeren und größeren Licht zusammen. Das Gefühl von liebender Anwesenheit wuchs, füllte mein Herz und floss durch mich hindurch. Mein Herz fing Feuer. Anders kann es nicht beschrieben werden. Das Feuer sprang über auf Doug und zog uns gemeinsam in eine Erfahrung hinein, in der wir selbst zu lebendigen Flammen wurden, die zusammen tanzten, in Liebe entbrannt, höher und höher steigend.

Mitten in dieser Erfahrung wusste ich, dass ich schreiben musste. Ich griff nach Notizblock und Stift. Während ich schrieb, war mir bewusst, dass ich Hilfe erhielt, aber obwohl meine Worte von Gottes Liebe erleuchtet wurden, so kamen sie doch aus mir und ich gab mein Bestes, um zu beschreiben, was unbeschreibbar ist. Und so begannen diese Botschaften. Sie haben uns inzwischen liebevoll und unfehlbar durch fünfzehn Jahre Ehe geführt. Sie haben uns weitergehen lassen, wenn wir an dem Punkt standen aufzugeben. Sie haben uns erklärt, wer wir sind. Sie haben uns unser Schicksal enthüllt – dass wir Schritt für Schritt den Weg freimachen sollten, so dass Andere diese Reise schneller durchführen konnten – die Reise, für die wir all diese Jahre gebraucht haben.

Gott hat uns durch jede Phase unserer Beziehung begleitet. Wir haben die Erfahrung des Egos durchlebt, und wir wurden in ein immer größer werdendes Wissen geführt, dass wir uns für unser Herz entscheiden konnten. Wenn uns unser Ego dazu brachte wegzurennen und uns zu verstecken, zeigte uns Gott, wie wir die Liebe wählen konnten. Wenn unsere Angst uns lähmte, hat Gott uns vorsichtig zu der Wahrheit zurückgeführt, dass die Gnade uns immer trägt. Wenn es schien, dass wir getrennte Leben zu leben begannen, zeigte Gott uns, welche Entscheidungen wir treffen mussten, damit wir wieder fähig waren unsere Herzen zu sehen. Und Gott zeigte uns, inwiefern jede einzelne Wahl unsere eigene war, und half uns Tag für Tag dabei sicherzustellen, dass wir uns für die Liebe und nichts Anderes entschieden.

Gott hat uns unser Schicksal enthüllt – keine sofortige perfekte Liebe, sondern stattdessen ein allmähliches Bewusstsein, wie wir unsere tiefe Wahrheit als Seelengefährten zurückfordern konnten, indem wir lernten, immer tiefer „ja" zur Liebe zu sagen. Es ist ein Schicksal, bei dem wir jeden Schritt unternommen haben, so dass wir bereit sein konnten, euch zu dienen, während ihr für euren Seelengefährten und die Macht eurer Liebe erwacht.

Wir haben es nicht leicht gehabt, aber das, wo wir angelangt sind, ist schöner als alles, was wir jemals für uns hätten erträumen können! Während wir als Folge von Gottes sanft führender Liebe zusammen-gewachsen sind, sind wir auch in unserer Fähigkeit gewachsen, uns selbst zu öffnen und aufzusteigen, um Gott auf einer höheren Ebene zu treffen. Wir sind in unserer Fähigkeit gewachsen, unsere wundervolle

Vereinigung als Seelengefährten zu erfahren, und dabei sind wir im höchsten Maß gesegnet worden mit dem Verständnis jenes „Stückes" an Information, das wir unserem Schicksal gemäß mit Anderen teilen sollen – die wunderbare Wahrheit über die Seelengefährten.

Wir möchten euch sagen, dass alles, was ihr je geträumt habt, wahr ist! Wahre Liebe ist euer Schicksal, und die Liebe, die ihr mit eurem Seelengefährten teilen werdet, ist so herrlich, so wundervoll, so schön, so sanft und so von Ekstase erfüllt, dass Worte nicht einmal andeutungsweise die Freude dieser Erfahrung ausdrücken können. Hört nicht auf zu glauben! Lasst euch durch nichts davon abbringen, besonders nicht durch eure vorherigen Erfahrungen und in keinem Fall durch die normalen Definitionen von Beziehung.

Investiert stattdessen alles, all eure Energie und euer Vertrauen in das Wissen, dass Gott so sehr von Liebe für uns erfüllt ist, dass wir alle mit einem Seelengefährten erschaffen wurden. Wisset, dass, wo auch immer wir sind, Gottes Liebe real ist und dass sie immer direkt vor uns in unserem Seelengefährten oder unserer Zwillingsflamme verkörpert sein wird. Bestätigt es immer wieder. Wählt immer wieder die Liebe. Sucht euren Seelengefährten immer wieder mit eurem Herzen und nicht mit eurem Ego, und wir versprechen, dass ihr ihn oder sie finden werdet. Die größte Überraschung für euch mag sein – so wie es auch für uns gewesen ist -, dass er oder sie direkt vor euch steht. Ihr habt nur vergessen, wie ihr mit eurem Herzen schaut.

Wisset, dass Gott euch jetzt mit sanfter Fürsorge auf diese Reise zu eurem Seelengefährten mitnehmen wird. Die Botschaften hier sind weit mehr als nur Worte. Jedes Wort ist von Liebe erfüllt, von „Lichtpaketen", die an jeden auszuliefern sind, der offen ist für das Gelesene. Sagt also bitte „ja" zur Liebe, so wie Gott es von euch wünscht. Dann werdet ihr, so wie wir auch, in jedem Moment von Dankbarkeit erfüllt sein.

Es ist wie ein Märchen, wohin Gott uns durch diese Botschaften geführt hat. Hätten wir es nicht erlebt, wäre es schwer zu glauben, aber wir haben es erlebt. Unser Leben hat sich hin zu immer mehr Licht, zu Liebe und Schönheit entfaltet. Uns wurde das größte Geschenk bereitet, das zwei Menschen bekommen können – das Geschenk, Seelengefährten zu sein. Uns wurde das Geschenk bereitet, immer mehr Liebe zu empfinden, in jedem Moment eines jeden Tages. Wir haben das Geschenk erhalten, zu beobachten, wie unsere Herzen sich verbinden und unsere Energie aufblüht und auch zu sehen, wie diese Erfahrung, durch die Gott uns führt, sich als eine spirituelle Erfahrung äußert und als spiritueller Weg von atemberaubender Schönheit.

Wir lernen noch. Wir lernen, dass dieses Geschenk jetzt für absolut jeden Menschen verfügbar ist; dass es Teil unseres Erwachens ist. Wir lernen, wie das gemeinsame Herz ein Raum für Manifestation sein kann; und wir lernen, wie wir jeden einzelnen Moment von der Herzensebene aus leben können. Wenn wir uns umsehen, können wir sehen, wie Liebe und Schönheit in allen Bereichen unseres Lebens auftauchen. Mehr als alles Andere wollen wir diesen Segen mit Anderen teilen.

Und mit tiefster Dankbarkeit und Demut stellen wir Gottes Botschaften zu den Seelengefährten zur Verfügung. Wir sind uns unserer Begrenztheit bewusst, wenn wir uns bemühen die Worte zu finden, welche die Erfahrung der Verbundenheit mit Gott beschreiben, eine Erfahrung, die vollkommen jenseits der Kapazität unseres Verstandes liegt. Bitte lasst es also nicht zu, dass die Worte eure Erfahrung der Botschaften begrenzen, einschließlich unserer Verwendung des Wortes „Gott", um den allerherrlichsten Einen, die gewaltige Liebe, zu beschreiben, die persönlich und doch grenzenlos ist. Bitte lest stattdessen mit eurem Herzen und erlaubt es den hinter jedem Wort befindlichen Päckchen von Liebe und Wahrheit zu euch zu gelangen. Wir wissen, dass wir diese Botschaften durch unsere Herzen empfangen haben, denn sie stehen für eine sehr reale und persönliche Beziehung mit Gott – eine Beziehung, die unser Leben kontinuierlich transformiert und auch das Leben Anderer, welche die Botschaften lesen.

Wir bieten euch diese Botschaften an und bitten euch, einfach euer Herz soweit wie möglich zu öffnen und euch nach eurer höchsten Vision auszustrecken. Erlaubt es der Energie dieser Botschaften, die Wahrheit ihrer Quelle zu bekräftigen und ihren Segen in euer Leben zu bringen. Wir bieten demütig unsere Erfahrung an, dass sogar die Botschaften, die wir nicht verstehen konnten, uns dennoch gesegnet und bewegt haben, um in ein erweitertes Bewusstsein zu gelangen. Inzwischen ist es offensichtlich, dass es gerade zu einem großen „Aufschwung" der Liebe in unserer Welt kommt. Alle, die sich wahrhaftig für das Licht einsetzen, werden Gefäße für Gottes Liebe sein, um diese Liebe auf ihre einzigartige Weise hervorzubringen.

Wenn ihr Gottes Botschaften lest und euer Herz euch ihre Wahrheit bestätigt, bitten wir darum, dass ihr die Worte sprecht, die in unserer Zeit der Schlüssel für die Verkörperung von Liebe sind: „Ich möchte meinen Seelengefährten." Und dann haltet durch und bleibt dabei, wenn euer Herz sich öffnet und die Liebe euch vertraulich enthüllt wird. Zu diesem Zweck bieten wir euch unsere Unterstützung an, während das Nahen der Liebe für dieses Zeitalter in eurem Leben Form annimmt.

Yaël & Doug
Circle of Light
Eureka Springs, AR
April 2003

Die göttliche Dispensation für Seelengefährten

Die göttliche Dispensation für Seelengefährten ist ein herrliches Geschenk Gottes an die Menschheit. Er ist auch ein bedeutender Faktor für das Erwachen der Menschheit zur Liebe.

Wie Gott uns durch die Botschaften erklärt hat, gibt es ein universelles Resonanzgesetz, das unfehlbar innerhalb der Schöpfung wirksam ist. Einfach ausgedrückt, ist es die Wahrheit hinsichtlich von Schwingungen – gleiche Schwingungen ziehen sich gegenseitig an. Was auch immer die Summe unserer Schwingungen ergibt, ist somit das, was wir in unserem Leben anziehen.

In unserer Evolution würden wir unseren Seelengefährten, unsere wunderbare Zwillingsflamme, die Spiegelung unserer Vollkommenheit in der Liebe, solange nicht anziehen, bis wir genau das wären – vollkommen. Das bedeutet, dass es für die meisten von uns mehr Wachstum und Evolution gäbe, bevor wir auch nur hoffen könnten, diese Verbindung herzustellen. Die meisten könnten dies nicht, bevor sie nicht „jenseits des Schleiers" wären und ihr Leben nicht mehr in dieser Welt leben würden.

Die Dispensation für Seelengefährten ist eine von Gott erteilte Genehmigung, die es unserem Seelengefährten möglich macht, jetzt zu uns zu kommen, bevor wir vollkommen genug sind, um ihn oder sie durch den natürlichen Prozess der Resonanz anzuziehen.

Dies bedeutet, dass auf der Erde jetzt alle Menschen Zugang zu ihrem Seelengefährten, zu ihrer einen Zwillingsflamme haben - genau dort, wo sie auf ihrem Pfad des Erwachens stehen und unabhängig davon, ob ihre Resonanz nur die Liebe ist.

Dies bewirkt, dass wahre Liebe sich jetzt im Leben jedes Menschen manifestieren kann. Der Grund für diese Dispensation ist, dass die Liebe das Herz jedes Menschen öffnet, wenn sie erst einmal erfahren wird. Das wird der Beweis sein, dass sie existiert und Gott jeden von uns so sehr liebt, dass der Beweis der Liebe immer in unserem Leben zum Ausdruck kommt.

Die meisten Leute berühren die Wahrheit der Liebe nur und erfahren das Leben mit dem Herzen nur dann wirklich, wenn sie sich verlieben. Daher bedeutet dieses besondere Geschenk von Gott, Zugang zu unserem Seelengefährten zu haben, dass ein Paar nach dem anderen zu dieser Erfahrung von Freude, von neuem und schönem Leben zurückkehren wird - so wie es geschieht, wenn man sich verliebt. Dadurch werden sich die Menschen erinnern, wie es sich anfühlt in Liebe zu leben, so wie Gott es beabsichtigt hat, anstatt in der Angst, die das Ergebnis des Wunsches vom Ego nach Trennung und seiner Angst vor der Liebe ist.

Von größter Wichtigkeit ist, dass die Liebe, die erwachte Seelengefährten als Paar hervorbringen, viel kraftvoller ist, als wir uns bisher vorstellen konnten. Sie besitzt die Fähigkeit, die Welt emporzuheben, Herzen zu öffnen und große Wellen der Liebe auszusenden, welche die gefrorenen

Stellen in den Herzen der Menschheit schmelzen lassen. Gott hat gesagt, dass nicht sehr viele wahrlich offene, wiedervereinte Seelengefährten nötig sind, um diese Welt vollständig zu einer Welt der Liebe zu machen und uns so alle von Dualität und Ego zu befreien.

Es ist nicht wichtig, ob ihr versteht, was all dies bedeutet. Es ist nur wichtig, dass ihr den Ruf eures Herzens nach eurem Seelengefährten hinausschickt; dass ihr jeden Tag „ja" dazu sagt, euer Herz für die Liebe zu öffnen. Es ist wichtig für euch zu wissen, dass die Sehnsucht nach Liebe, die ihr immer gespürt habt, von Gott dort platziert wurde. Sie soll euch immer weiter nach eurem Seelengefährten suchen lassen, damit ihr zusammen, in Liebe, in der Welt leben könnt.

Ihr werdet einige erstaunliche Dinge entdecken, wenn ihr zulasst, dass die Sehnsucht nach eurem Seelengefährten zurückkehrt. Ihr werdet entdecken, dass ihr einen sehr wahren Teil von euch selbst verdrängt habt, als ihr den Glauben an die vollkommene Liebe verdrängt habt. Ihr habt den Weg für eure Rückkehr zu dem, was ihr wirklich seid, versperrt. Ein Herz aus zwei Flammen. Eine Liebe aus zwei Hälften.

Während ihr erlaubt, dass Gott euch durch diese Botschaften führt, werdet ihr zu einer immer tieferen Wertschätzung des herrlichen Geschenkes kommen, welches Gott uns durch die Dispensation für die Seelengefährten gegeben hat. Er wird nicht nur jeder einzelnen Person die Liebe geben, auf die sie gewartet hat. Er wird der Menschheit die Wahrheit zurückgeben, dass wir nur Liebe sind und nichts Anderes.

Erinnert ihr euch, wie es war sich zu verlieben?
Erinnert ihr euch an das Gefühl der Freude?
Die Ekstase? Das Gefühl in jemandes Liebe
eingehüllt zu sein?
Dass ihr Dinge sehen und Dinge fühlen konntet
wie nie zuvor?

Wenn ihr euch an diese Gefühle erinnert,
dann lade ich euch ein, sie noch einmal zu fühlen,
genau jetzt. Ihr seid dazu bestimmt, so zu leben
und noch mehr. Ihr seid dazu bestimmt euch
jeden Tag von neuem „Hals über Kopf" zu verlieben.
Jeder Moment
sollte voller Glanz sein, weil eure Liebe in der Welt
lebendig ist. Die Farben sollten leuchtender sein, die
Berührung von Gegenständen sinnlicher.
Dieses magische Gefühl der Erwartung i
st euer Geschenk, das ihr einsetzen könnt,
um ständig mehr und mehr Gutes anzuziehen.
Mehr Gutes, mehr Liebe.

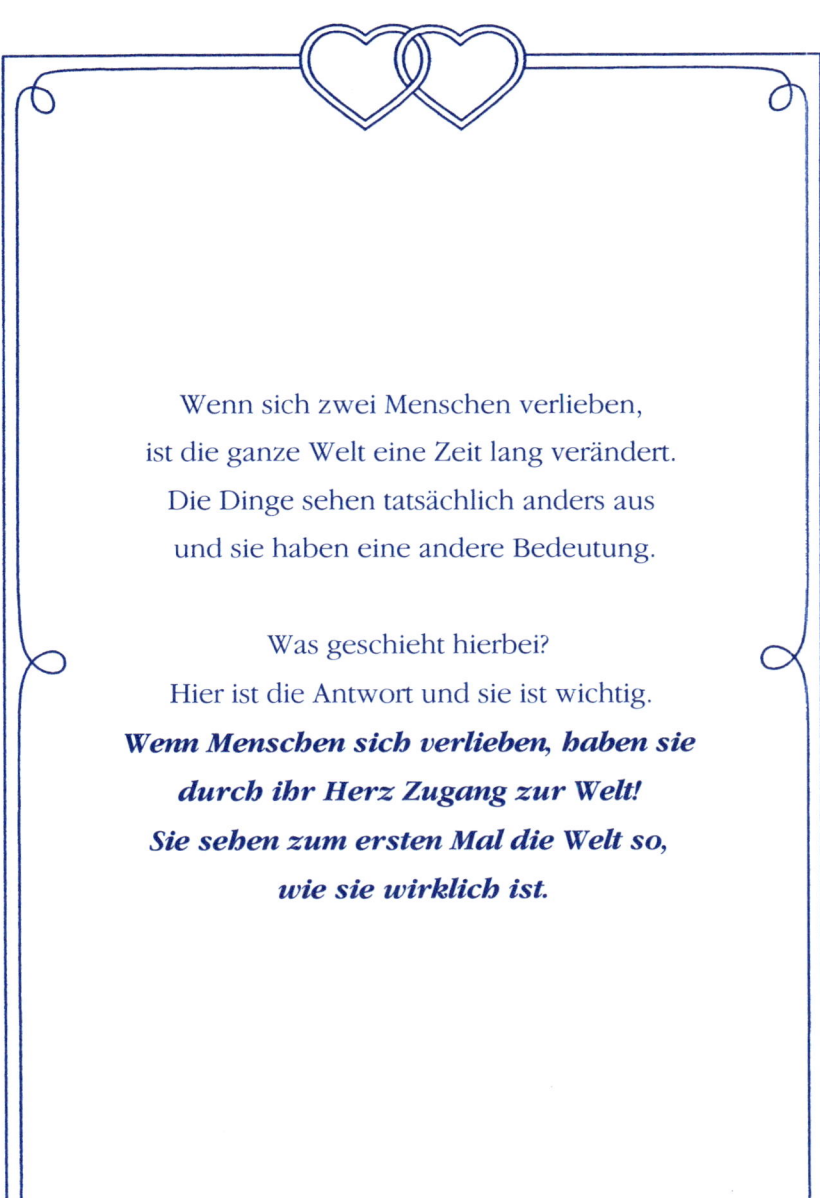

Wenn sich zwei Menschen verlieben,
ist die ganze Welt eine Zeit lang verändert.
Die Dinge sehen tatsächlich anders aus
und sie haben eine andere Bedeutung.

Was geschieht hierbei?
Hier ist die Antwort und sie ist wichtig.
Wenn Menschen sich verlieben, haben sie
durch ihr Herz Zugang zur Welt!
Sie sehen zum ersten Mal die Welt so,
wie sie wirklich ist.

Die Botschaften
von Gott

Ihr seid dazu bestimmt,
meinen Namen
mit jedem Atemzug zu atmen!
Meine Liebe mit jedem Satz
zu sprechen.

Voller Freude unsere Verbundenheit
zu preisen. Ewiglich.

Gottes Zusicherung

Der Pfad der Seelengefährten und seine Bedeutung für die Menschheit

Meine Lieben, in den nachfolgenden Botschaften gebe ich euch einen der Schlüssel zum Himmel. Ich teile mit euch das Wissen über den Pfad des Aufstiegs für die ganze Menschheit. Bitte habt keine Zweifel daran. *Ich verspreche euch, dass die Seelengefährten-Beziehung nicht nur wahr ist. Sie ist der Weg, auf dem die Menschheit in ihre Göttlichkeit hineinwächst.*

Wie viele Menschen kennt ihr, die sich die Mühe machen ihre Spiritualität zu leben? Wie viele dieser Menschen sind verwirrt oder es mangelt ihnen an Struktur oder Motivation? Wie viele ihrer Leben haben sich in der Welt verfangen? Die Antwort auf diese Frage ist: es betrifft die meisten, die mich lieben, und die ihr als die „höchst angesehenen" Menschen um euch herum betrachten würdet.

Viele Menschen sprechen von der „liebenden Menschheit", aber eine der Fallen dieser Vorstellung ist, dass es leicht ist, sein Herz niemals wirklich zu öffnen. Eine Person kann sich als selbstlos oder spirituell bezeichnen und dabei nie ihren Schutzpanzer aufbrechen.

Euch eurem Seelengefährten zu öffnen bedeutet, euer Herz wirklich zu öffnen, der Liebe zu erlauben, direkt vor euch zu stehen und mit euch zu leben, ganz persönlich. Euch eurem

Seelengefährten zu öffnen, bedeutet euch jeden Moment zu fragen – ist mein Herz offen? Bin ich bereit, die Liebe zu wählen? An mein Herz zu glauben? Bin ich bereit, das, was ich sage, auch zu tun? Wenn ihr es seid, wird die Liebe sich manifestieren. „Wie oben, so unten." Wenn euer Herz offen ist, wird euer Seelengefährte erscheinen.

Es wird einige geben, die das nicht gerne hören. Das kommt daher, dass ihre Herzen aus welchen Gründen auch immer blockiert sind, aber sie wollen es nicht glauben. Aber wie bei allen Dingen, ihr Lieben, *was sich im Leben einer Person manifestiert, ist das Innere, das sich außen zeigt.* Wie innen, so außen. Was innen ist, wird vor euch auftauchen. Es wird sich manifestieren und in Form von Beziehungen genau gespiegelt werden. Die Menschen müssen das anerkennen. Sie müssen es aus nächster Nähe spüren, um wirklich durch „das Tor" hindurchzugehen.

Wenn sie dann erst einmal zusammen sind, ist es unbedingt erforderlich, dass die Seelengefährten als Paar sich nach außen wenden und geben. Nur so wird meine Liebe vollständig empfangen, vollständig ausgedrückt. Die Menschheit steht jetzt kurz davor zu verstehen, was Manifestation bedeutet. Zur Zeit ist ihre Wahrnehmung noch sehr eingeschränkt. Die Beziehung zweier Seelengefährten ist ein Teil der ganzen Wahrheit über die Manifestation. Wenn ihr immer noch in eurem Ego seid, ist es sehr schwierig, euch eure Begrenzungen, eure Blockaden und die Gebiete, auf denen ihr keine Liebe zulasst, zuzugestehen. Doch wahres spirituelles Wachstum erfordert die volle Verantwortung.

Wenn sich also der Überfluss nicht physisch in eurem Leben manifestiert, müsst ihr dies untersuchen. Ihr müsst schonungslos ehrlich sein. Das Ego lässt die Menschen immer weiter von einer Beziehung zur nächsten springen und sabotiert jegliche wahre Liebe, denn wahre Liebe bedeutet die Beseitigung des Egos und die Öffnung des Herzens. *Das Herz weiß, dass euer Seelengefährte da ist, wenn es offen ist. Je offener das Herz, desto deutlicher kann der Seelengefährte in Erscheinung treten.*

Wenn sich die Schwingung eines Wesens erhöht, tritt in der Regel die Verbindung mit dem Seelengefährten ganz natürlich als außerkörperliche Erfahrung auf, weil die höhere Ebene es einem leichter ermöglicht die Wahrheit zu sehen. Aber jetzt muss die Menschheit kollektiv ihr Herz öffnen. Es gibt keinen besseren Weg als über die bewusste Verpflichtung, die Beziehung mit eurem Seelengefährten zu manifestieren. Während ihr gemeinsam daran arbeitet, die Vereinigung der Seelengefährten zum Ausdruck zu bringen, werdet ihr mit eurer eigenen Fähigkeit zu lieben immer vertrauter werden, und ihr werdet auch meine Liebe erfahren, wenn sie sich vor euch und in euch manifestiert.

Es gibt viele Wege, über die man die Ebene der Liebe erreichen kann, die für die Transformation der Menschheit und der Erde benötigt wird. Die Erfahrungen der Seelengefährten sind der direkte Weg. Es ist die Liebe, die ihre Aufmerksamkeit auf die Liebe richtet, sich der Liebe öffnet und in Liebe lebt!

Die Beziehung
zwischen den Seelengefährten
ist das Portal zu spiritueller
menschlicher Reife.
Sie ist kein Traum oder eine Fantasie,
die nur wenige jemals finden werden.
Die Beziehung
zwischen den Seelengefährten
ist euer Erbe, so sicher wie die Liebe,
die ich euch gebe.
Sie ist eure Vervollkommnung.
In diesem Prozess des Erwachens
und der Vereinigung werdet ihr
auch eure Beziehung
zu mir finden.

Wie sich der Seelengefährte manifestiert

Ihr Lieben, ich bin hier. Ich wiege euch in einem Sternenhimmel und dabei entdeckt ihr, dass ihr unendlich weit und voller Schönheit seid. Ich helfe euch, euren Platz in dem großen Plan zu sehen, und ich flüstere euch zu, dass ich euch genauso sicher führen werde, wie es sicher ist, dass jene Sterne in ihrer Bahn bleiben. Genauso sicher wie die Zyklen der Erde die Jahreszeiten hervorbringen, genauso sicher wie solche Geschehnisse die Botschaft eurer Verbindung mit allen Dingen beinhalten, so führe ich eure Hände mit denen eures Seelengefährten zusammen. Mit ihm werdet ihr nie endende Liebe erfahren und in ihm werdet ihr euch immer erkennen.

Ich bitte euch, dass ihr euch in jedem Augenblick an dieses tiefere Gespräch in allen Dingen erinnert. In all den Äonen eurer Entwicklung seid ihr beiden - die Hälften des Ganzen und zusammen eine Zelle meines Herzens - viele Dinge gewesen. Ihr habt zusammen getanzt in der Welt; und zeitweise habt ihr getrennt getanzt. Doch egal, wo ihr irgendwann einmal gewesen seid, habt ihr immer eure Energie miteinander geteilt. Ihr habt gewusst, dass euer Seelengefährte lebendig, real und bei euch war, weil ihr einander nie verlassen habt.

Wenn die Schöpfung in der Tat holographisch ist, bedeutet das, dass man alle Dinge immer auf zwei Arten tun kann. Ihr könnt sie über den Weg der vielen Ebenen der Schöpfung tun, über Welten und Schwingungen, über den Weg des Körpers, über verschiedene Leben, und euch dabei der anderen Hälfte bewusst sein oder auch nicht. Oder ihr könnt es direkt tun, indem ihr versteht, dass in einem Hologramm alles vollkommen in allen anderen Dingen vorhanden ist. Das bedeutet, ihr Lieben, dass **euer Seelengefährte und ihr selbst, obwohl ihr scheinbar getrennt seid, es nicht wirklich seid.** Wenn ihr diese Wahrheit erkennt, könnt ihr direkt auf ihn oder auf sie zugehen. Ihr könnt erkennen, dass ihr immer zusammen seid. Eure Seelengefährten sind in euch und ihr seid in ihnen. Das ist immer die Wahrheit, genauso wie ich vollkommen in allem gegenwärtig bin.

Hier auf der Erde verhält es sich genauso, wie wenn ihr träumt. Ihr seid einen ausgedehnten Augenblick lang in etwas vertieft, genauso wie wenn ihr träumt. Und so ist euer Verstand damit beschäftigt, sich durch die Illusion von Zeit zu schlängeln, vor und zurück, und durchzieht die künstliche Struktur der Zeit mit euren Lebenslinien. Und doch erscheint es euch so wirklich. Ihr träumt, dass ihr nicht bei eurem Seelengefährten seid. Es ist nicht wahr. Doch, was ihr träumt, ist das, was ihr lernen sollt. Es wird erfunden, weil es für das Wachstum nötig ist und Dinge enthüllt.

Und, ob ihr es glaubt oder nicht, seid ihr von der Ebene der Wahrheit aus gesehen ganz damit beschäftigt, mit euch selbst zu sprechen. Oh, ich weiß, es sieht nicht so aus. Aber ein Traum fühlt sich auch nicht wie ein Traum an, wenn ihr gerade träumt. Er fühlt sich sehr real an. Ihr habt Angst oder ihr seid glücklich. Ihr seid mit vielen verschiedenen Menschen zusammen. Einige sind eure Geliebten, andere sind eure Feinde. Doch wenn ihr erwacht, erkennt ihr, dass jeder von ihnen in Wirklichkeit ein Teil von euch selbst ist. Wenn ihr also zu persönlichem

Wachstum bereit seid, dann untersucht ihr den Traum, um zu sehen, was er euch lehrt. Ihr Lieben, dies ist auch die Wahrheit über euer Leben hier. Innerhalb des Traums fühlt es sich sehr real an, aber in Wahrheit seid ihr ein gewaltiges Wesen, viel größer, als ihr es euch vorstellen könnt - Bewahrer von Sternen in eurem Leib und Bewahrer von Welten in eurem Gehirn. Und ganze Zivilisationen leben, um zu lieben, weil sie in eurem Herzen existieren. Ihr seid solche Wesen, weil ihr nach meinem Bild geschaffen seid und ich bin alles was ist.

Ihr träumt, dass ihr begrenzte Wesen seid, die ein begrenztes Leben leben. Ihr träumt das, damit es euch etwas darüber lehren kann, Mitschöpfer zu sein. Ihr träumt das, damit ihr Dinge wie Mitgefühl, Demut, Unterdrückung, Begrenzung und die Kraft der Liebe wie auch das Bewusstsein versteht.

Ihr fragt, wieso ich euch gesagt habe, dass ihr euer Herz zum Erwachen bringen und euch für euren Seelengefährten entscheiden könnt und euer Seelengefährte dann bei euch sein wird. Es bewirkt, dass ihr euch bemüht zu verstehen, was ich sage. Ihr seid jetzt bereit zu verstehen. Ihr könnt hoch genug springen, um über die Illusion, die ihr lebt, hinauszusehen.

In Wahrheit sind alle Beziehungen in eurem Leben Energie-vereinbarungen. Es sind Energievereinbarungen, die mit anderen gewaltigen, großen, wundervollen Wesen wie euch selbst getroffen wurden. Es sind Vereinbarungen, die aussagen: „Während wir schlafen, muss ich etwas über das Mitgefühl lernen. Du musst etwas über die

Einschränkung lernen. Was sagst du dazu, dass wir einschlafen und träumen, dass ich eine Mutter bin und du mein behindertes, missgebildetes Kind?" Und ihr würdet sagen: „Ja, das ist perfekt, lasst es uns jetzt tun!" Dann schlaft ihr beide ein und trefft euch in euren Träumen als Mutter und Kind.

Ihr seid also gewaltige Wesen, Bewahrer von Universen, die schlafen und viele Träume gleichzeitig träumen, denn natürlich gibt es nicht wirklich irgendeine Zeit. Auch das ist ein Teil des Traumes. Bevor ihr also einschlaft, ist es euch bewusst, dass ein Teil eurer Lektion darin besteht das luzide Träumen zu erlernen – zu verstehen, dass ihr träumt, während ihr träumt. Es ist euch auch bewusst, dass ihr gerade gemeinsam einen evolutionären luziden Traum plant.

Hier seid ihr also in eurem Traum. Ihr kommt an den Punkt, an dem ihr beginnt luzide Träume zu haben. Ihr erinnert euch, wer ihr seid. An diesem Punkt sprecht ihr die „Schlüsselworte", die ihr euch selbst gegeben habt. Ihr sagt: „Ich möchte meinen Seelengefährten sehen."

Und ihr beginnt eure Wahrnehmung von der Person in dem Traum auf die träumende Person zu verschieben. An diesem Punkt werden die anderen Träumer, deren Energien in eurem Traum in der Gestalt eures Ehemannes, eurer Frau oder Freundin oder eures Freundes auftraten, zurückgezogen. Das ist kein Problem – es ist ohnehin nur ein Traum – und jener Träumer hat gleichzeitig noch viele andere Träume.

Euer Seelengefährte tritt auf. Euer Seelengefährte ist real, ein weiterer immenser und wundervoller Teil der Ganzheit, die ihr beide bildet. An diesem Punkt muss euer Seelengefährte immer noch innerhalb des Traums zu euch kommen, und so wird er irgendein Bild benutzen, das bereits in eurem Traum existiert.

Aber da ihr jetzt beginnt luzide Träume zu haben, seid ihr als euer wahres Selbst an dem Traum beteiligt. Ihr beginnt die wahre Natur der Wirklichkeit zu erkennen. Es ist der schnellste Weg zum Erwachen, euch wieder mit eurem Seelengefährten zu verbinden, weil euer Seelengefährte euch euer wahres Selbst perfekt zeigen kann (ihr seid schließlich zwei Teile des gleichen Wesens). Ihr wisst, dass ihr zu luzidem Träumen fähig seid, weil ihr jetzt – wer auch immer vor euch stand – diese Person als euren Seelengefährten erkennt. Ihr könnt seine Energie fühlen. Ihr könnt die Wahrheit seiner Liebe spüren und die Tiefe seines Wissens über euch. Alles, was in jenem früheren Teil des Traumes geschah, verschiebt sich jetzt mit Leichtigkeit und ihr seid mit eurem Seelengefährten dort.

Wo ist die „andere Person" geblieben? Die andere Person war auch ein Fantasieprodukt, von euch beiden erschaffen, um euer Bedürfnis nach Wachstum zu erfüllen. (Wechselt hier jetzt nicht zu eurer anderen, kleineren Perspektive zurück!) Euer Seelengefährte ist immer bei euch – immer. Ihr schlaft nebeneinander, in den Armen des Anderen. Während der ganzen Zeit, in der ihr geträumt habt, hat euch also euer Seelengefährte gehalten und geliebt und euch mit seiner Energie und seinem Duft erfüllt. Euer Herzschlag ist vereint. Ihr seid euch so nah, dass nicht einmal eure Träume eure eigenen sind. Euer Seelengefährte ist in jedem Moment bei euch, außerhalb und innerhalb des Traums, und er hilft euch zu entwerfen, was ihr noch zum Lernen benötigt, bevor ihr den luziden Traum miteinander teilen könnt. Und dann werdet ihr beginnen zusammen zu erwachen.

Euer Seelengefährte ist durch jede Beziehung hindurch bei euch gewesen. Wenn ihr euch dafür öffnet, werdet ihr euch an seine oder ihre Energie erinnern. Ihr lebt eure Leben miteinander, während ihr scheinbar getrennte Träume habt. Aber sie sind nicht wirklich getrennt. Ein großer Teil der Energie eures Seelengefährten ist immer um euch herum, und es gibt auch die „Finger" von Energien anderer Wesen, wenn ihr in euren Träumen voneinander lernt. Als euer wahres Selbst wisst ihr immer, wie nah ihr der Erinnerung an das luzide Träumen seid, und eure Energiekombination wechselt entsprechend, unterstützt natürlich von den wunderbaren Engeln und Führern, die euch helfen. Sie sorgen dafür, dass immer die richtige Mischung von Energien vorhanden ist und dass euch jedes Traumabenteuer der Erkenntnis näher bringt.

Das ist einer der Gründe, warum ich gesagt habe, dass euer Seelengefährte eine Abkürzung auf dem Weg zum vollen Erwachen ist. Er kann euch nicht nur euer wahres Selbst widerspiegeln; er oder sie kann euch auch helfen, euch daran zu erinnern, wer ihr seid. Bald.

Ihr Lieben, ihr seid herrliche Wesen, die gemeinsam in einem Dornröschenschlaf träumen. Sehr große Wesen. Jeder von euch besitzt „Lichtfinger", die bis in die „schlafende Welt" hinunterreichen. Finger des

Bewusstseins, jeder hat ein Traumselbst, das in jeder Zeitperiode und in jeder Gestalt träumt. Darum habe ich euch bereits gesagt, dass die Wirklichkeit viel fließender ist, als ihr denkt! Erinnert ihr euch daran, was ihr über das „Leben nach dem Tod" wisst? Erinnert ihr euch, dass in der „himmlischen Welt" die Wesen einfach manifestieren, was sie sich wünschen und mit wem? In eurem Leben hier auf dieser Ebene ist es das Gleiche. Nur ist eure Schwingung so langsam, dass eure Manifestationen scheinbar in der Zeit erfolgen. Wenn ihr also wählt, dass eure Erfahrung eine gemeinsame mit eurem Seelengefährten sein soll und ihr euer Herz öffnet, beginnt ihr mit dem Herzen wahrzunehmen und somit die Welt wirklich zu sehen.

Bitte teilt diese Nachricht mit Anderen. Alle, die mit dem luziden Träumen beginnen, werden immer mehr für die Realität hinter dem Traum erwachen. Ich kann euch versichern, ***dass es nicht darum geht, euren Seelengefährten zu „finden". Es geht darum, euch dafür zu öffnen, euren Seelengefährten zu treffen.***

Wenn ihr dann die Lektionen, die ihr euch gewählt habt, nicht länger braucht oder wollt, kann euer Herz die Erfahrung eures Seelengefährten hereinbitten. Das bedeutet nicht, dass die Person, mit der ihr zusammen seid, dann gehen muss. Vielmehr verändert sich auf schlichte und elegante Weise die Energiemixtur, die dieses Wesen belebt. Es ist mehr von der Energie eures Seelengefährten vorhanden und die Energie der „Figur" aus dem Traum der anderen Person wird schwächer und schwächer, bis allein die Energie eures Seelengefährten das Wesen vor euch belebt. Die Energie des anderen Wesens wird sich entweder einem anderen sich abspielenden Traum anschließen oder wird wieder von dem „Schlafenden Riesen der Liebe" absorbiert, der in eurem Traum eingesetzt wurde, um mit euch zu lernen. In dieser besonderen Zeit des Erwachens wird jener „Lichtfinger" sich hoffentlich dem Traum anschließen, in dem jenes Wesen für seinen Seelengefährten erwacht.

Wirklichkeit ist Bewusstsein. Sie ist Liebe, die vom Willen geformt wird. Sie ist immer nur diese Energie. Und das ganze Ziel besteht darin, sich der Liebe bewusst zu sein. *Meine Lieben, ihr könnt also in eurem Leben darauf vertrauen, dass die Entscheidung, gänzlich aus eurem Herzen heraus zu lieben und in euren Seelengefährten zu „investieren" bedeuten wird, dass euer Seelengefährte vor euch stehen wird.* Er oder sie mag vielleicht gemäß der gegenwärtigen Bilderwelt passend gekleidet erscheinen, sich aber ganz anders anfühlen. Wenn ihr euer Herz mehr und mehr öffnet, erhebt ihr euer Bewusstsein über den Traum hinaus. Ihr beginnt die Liebe zu sehen, und die Liebe zu sehen bedeutet euren Seelengefährten zu sehen. Euren Seelengefährten zu sehen bedeutet, euch selbst als Liebe zu erkennen, als Verliebte und als die Liebe verkörpernd, was bedeutet, dass ihr mich kennt. Mich zu kennen bedeutet, soweit zu erwachen, dass ihr nicht mehr zu träumen braucht und zu Mitschöpfern werdet. *Ihr – die Träumer – erwacht und nehmt eure Plätze im vollkommen bewussten Universum ein. Ihr alle zusammen seid die Abgesandten meines Herzens.* Genauso wie also ein physisches Herz alle Teile eines physischen Körpers versorgt, so versorgt ihr, die ihr Teil meines Herzens seid, zusammen meinen Körper, der alle Dinge in sich trägt.

Macht euch bitte keine Sorgen, wenn ihr das nicht erfassen könnt. Sucht einfach in den Augen eures Partners nach eurem Seelengefährten und ihr werdet ihn erkennen, selbst wenn ihr hättet schwören können, dass er/sie vorher nicht da war. Vertraut mir hier, und ich werde euch das Erwachen des Herzens in jeder Hinsicht zeigen, einschließlich der Wiedervereinigung mit eurem Seelengefährten. Vertraut darauf und ihr werdet den Beweis erhalten, wenn euer Leben zu dem wird, wonach euer Herz sich gesehnt hat. Welcher Mechanismus euch dorthin geführt hat, wird euch nicht wichtig sein. Ihr werdet zu beschäftigt sein, Liebe zu sein. Alles, was ihr tun müsst, ist mir genug zu vertrauen, um „ja" zur Liebe zu sagen und euch zu entscheiden, wirklich euer Herz zu öffnen. Das einzige, was ihr tun müsst, ist über euer Ego hinauszugehen, um eure Wahrheit der Liebe zu erkennen. Wenn dies geschehen ist, werdet ihr euren Beweis haben, indem ihr euch der Perfektion des Traumes und der Herrlichkeit der darin enthaltenen Wahrheit bewusst werdet.

Erinnert euch des Hologramms.

Ihr müsst die Liebe
in euch ausdehnen,
bis sie die Liebe im Außen
so klar manifestiert,
dass ihr jeden Augenblick
in der vollkommenen Sicherheit
dieser Realität der Liebe lebt.

Es ist das Geben, nicht das Empfangen, das uns den Seelengefährten erkennen lässt

Das Geschenk des Lichtes soll durch euch hindurchfließen und euch emporheben, so dass sich jede eurer Zellen dem Tanz des Lichtes, der Schöpfung selbst, anschließt. Ein Glühen, Glitzern, Wirbeln, ein Berühren, berührt werden, ein Hochheben, hochgehoben werden.

Es ist die Jahreszeit des Lichtes, in der die Erleuchtung der Menschheit begann, in der sich der Schleier öffnet und das Christuslicht leicht eintreten kann. Jetzt strecke ich meine Hand aus und erleuchte dich und dich und dich. Ihr seid jetzt die Kerzen im Fenster der Welt. Ihr dagegen sollt jene erleuchten, die zu euch kommen, bis die ganze Welt erleuchtet ist und die Wahrheit in allem enthüllt ist.

Diese Erleuchtung enthält ein Geheimnis und es ist an der Zeit, es zu entdecken. Es ist das Geheimnis der Vereinigung. Es ist der Weg der Seelengefährten. Mit der Erleuchtung kommt die Verbundenheit der Liebe. Die ganze Schöpfung ist mein Geben. Sie ist die Bewegung meiner Liebe, wenn sie mit so viel Energie, so viel Leidenschaft, so viel Freude hervorströmt, dass aus dieser Bewegung heraus Universen geboren werden und Welten in einem Wirbel entstehen. Nennt es „Big Bang", wenn ihr wollt, aber der Anfang von allem was ist war mein überwältigendes Bedürfnis zu geben, meine Liebe zu teilen, mich Selbst ins Leben hinausströmen zu lassen, mein Wesen auszudehnen, indem ich meine Liebe gab. Das ist das „Ausatmen Gottes", der aktive Funke, aus dem alles geboren ist. Zu geben liegt demnach in meiner Natur. Die Energie des Gebens ist die Grundlage des Lebens und sie ist auch eure Natur, da ihr nach meinem Bild geschaffen seid. Aber mehr noch als das müsst ihr verstehen, dass **_Geben die göttliche Energie der Schöpfung ist und die Basis für alles Andere._**

Als ich mein Bedürfnis verstand, dieses Universum mit Anderen zu teilen, ein Universum, das aus meinem Wunsch zu geben entstand, wurde dies zum „Einatmen Gottes". Das war der Moment, in dem ich meine Schöpfung drehte, so dass die Schöpfung auch mich sehen konnte. Geben, drehen und ein tieferes Bewusstsein darin finden, zu sehen und gesehen zu werden. Tief in meinem Wesen verstand ich in jenem Augenblick der Schöpfung, dass ich eine Intelligenz brauchte – ein Bewusstsein, mit dem ich das Bewusstsein der Gesamtheit meines Wesens und somit der Schöpfung teilen konnte. Und so wurdet ihr aus der Liebe meines Herzens heraus erschaffen.

In eurem Wesen existieren alle Prinzipien der Schöpfung und ihr wisst, dass ihr jenes Bewusstsein über die gesamte Schöpfung mit Anderen teilt. Jetzt habt ihr eure Individualität entwickelt und es ist an der Zeit dieses Bewusstsein zu beanspruchen. Ich werde euch alles zeigen, was in euch ist. Alle Schönheit ist in euch. Jeder Lebensfunke, jede Fähigkeit zu lieben. Der essenzielle Fluss der Lebensenergie ist auf jeder Ebene in euch integriert. Ihr habt diese Energie in euren Genen gefunden. Ihr habt sie in eurem Bewusstsein entdeckt. Jetzt werdet ihr sie in eurer Vollständigkeit finden, das heißt, im Erwachen mit eurem Seelengefährten.

Warum spreche ich nicht vom „Finden" eures Seelengefährten? Warum sage ich „Erwachen"? Weil euer Seelengefährte nie von euch getrennt ist. Es ist unmöglich für euch getrennt zu sein. Ihr Lieben, in Wahrheit seid ihr ein Wesen. ***Ihr seid ein Wesen, das vorübergehend nicht in der Lage ist, den anderen Teil von euch selbst zu sehen, obwohl dieser Teil direkt vor euch steht.***

Wie kann das sein? Wie kann ich so etwas sagen, wenn ganze Leben der Suche nach dem Seelengefährten gewidmet werden? Wie kann ich von euch erwarten, dass ihr so etwas glaubt, wenn Menschen alleine leben und sterben und sich doch die ganze Zeit nach jenem Seelengefährten sehnen? Ich weiß, dass es zunächst schwer zu glauben ist, aber mit der Zeit werdet ihr beginnen diese Wahrheit zu verstehen. ***Ihr seid durch ungleiche Schwingungen voneinander getrennt – dadurch, dass das „System" des physischen Gefährtes unfähig ist, sich der feinstofflichen Welt um euch herum bewusst zu sein.***

Diese Ungleichheit verändert sich. Sie wird entfernt, während der physische Apparat weniger physisch wird. Wenn die Individualität erreicht ist, wendet sich jede eurer Evolutionen zu mir zurück und dann seid ihr – genau wie die Schöpfung im Ganzen auch – in der Lage, eure eigenen Kreationen, eure Welt und die Teile eures Selbstes zu sehen. Warum? Weil ihr jetzt nicht nur als sich ausdehnende Schöpfung nach außen schaut, sondern auch als zurückkehrende Schöpfung auf mich schaut.

Du und dein Seelengefährte, ihr seid ein Wesen. Gemeinsam tragt ihr jede Energie der Schöpfung in euch. Ihr veranschaulicht jedes Gesetz der Schöpfung. Ihr seid ein „Paket" mit allem, was es gibt. Ihr seid die Krone der Schöpfung, mein Ruhm, der Gipfel meiner Liebe. Ihr verdeutlicht alles, was in mir ist. Und der Energiefluss zwischen euch reflektiert das Muster der kreativen Energie in allem.

Es gibt einen Grund dafür, dass all dies jetzt im Dezember 2000, auf der Schwelle des Millenniums des Erwachens, geschieht. Alle öffnen jetzt ihre Herzen für das bestehende Niveau der Liebe. Die Ewigkeit wird die Erfahrung machen, wie diese Liebe sich ausdrückt, nämlich als Vereinigung der Seelengefährten. Ihr beiden seid die Wahrheit, der Ausdruck meiner Liebe, zu einem Ganzen vereint.

Wenn „der Rauch abzieht" – wobei der „Rauch" die Dichte innerhalb der Realität niedriger Schwingungen ist – werdet ihr euch eures Seelengefährten bewusst werden. Wenn ihr euch dann nach Hause zurückwendet, werdet ihr beginnen, den Energiefluss zwischen euch zu verstehen. Aus der höheren Perspektive gesehen, wird das Zusammenkommen der vereinten Seelengefährten die Schwingungs-ebenen der *Wirklichkeit* und *dieser Welt* verbinden. Ja, wenn die Seelengefährten zusammenkommen, wird jedes Paar - wie wenn ein Schalter einrastet - ein Anker oder auch Kanal für das werden, was ihr als den Christus bezeichnet. In Wahrheit werdet ihr so zum vollkommenen Ausdruck meiner Liebe.

Diejenigen von euch, die wissen (oder auch nur ahnen), dass ihr Seelengefährte vor ihnen steht, sollten beginnen mit dem Fluss der Liebe und der Energie zwischen euch zu arbeiten, denn ihr könnt euer Energieniveau schnell anheben und beginnen, hinter den Schleier zu sehen. Oh, meine Kinder, wie viel Liebe auf euch wartet! Wie viel Freude! Wie viel Erfüllung! Und wie viel ihr zur Transformation der Menschheit und der Erde beitragen werdet!

Ich fordere euch alle auf, jegliche Angst vor der Liebe loszulassen und alles, von dem ihr glaubt es behindere diese tiefe und heilige Partnerschaft. Ich sage euch, wenn ihr dies zu eurem spirituellen Weg und zum Brennpunkt eures Erwachens macht, wird alles wie von selbst geschehen. Ich weiß, wie stark das Ego sich an all seine kunstvoll erbauten Illusionen der Trennung klammern will. Und ich sage euch, dass diese Illusionen Lügen sind. *Euer Herz kennt die Wahrheit. Die Wahrheit ist, dass jedes menschliche Herz nach seinem Seelengefährten sucht. Jedes Herz, denn so seid ihr erschaffen.*

Ihr seid zwei Energien eines Wesens und der Energiefluss zwischen euch entspricht genau dem Muster des Energieflusses in der gesamten Schöpfung. Hier geht es um das, was ich "Doppelhelix der Schöpfung" genannt habe, damit ihr die Wichtigkeit dieser Information versteht. Es geht um Leben, das zwischen euch fließt. Vom Bewusstsein geleitet und von eurer Liebe angetrieben, kann hieraus alles entstehen, was ihr wollt.

Die wichtigste Information für euch ist, dass die *Energiebewegung, die diese Doppelhelix antreibt, das GEBEN ist. NICHT das Empfangen.* Wenn ihr das erst verstanden habt, haltet ihr den Schlüssel zu eurem Erwachen und zur Wahrheit in der Hand. Die wichtigste Energie in der Schöpfung ist das GEBEN. Es ist für alles der Antrieb. Es ist der Anfang. Es ist der „Big Bang" und all die nachfolgenden „kleinen Bangs" (ein Scherz). Ohne zu geben kann man die Energie zwischen den Seelengefährten nicht zum Fließen bringen und sie nicht halten. Die Energie des Gebens ist die Nahrung für alles Andere.

Im menschlichen Körper gibt es einen konstanten, in der Wirbelsäule nach oben gehenden Energiefluss. Auf der rein physischen Ebene ist dies die Gehirn-Rückenmarksflüssigkeit. Wenn die Energie der Seelengefährten aktiviert ist, entsteht auch ein Energiefluss, der das Ganze mit Leben versorgt und dem Pfad der Doppelhelix folgt. Diese Energie (die Kundalini) fließt von Chakra zu Chakra, windet sich um die Chakren herum und fließt die Wirbelsäule entlang nach oben und wieder nach unten zurück.

Die Seelengefährtenenergie der beiden Personen wird in jedem Chakra ausgetauscht. Sie steigt in dem einer Person auf und geht hinüber zur anderen Person. Um in der tatsächlichen Realität zu funktionieren, muss diese Energie ständig im Fluss sein. Sie wird durch das Geben in Bewegung gehalten. Durch das Aussenden von Liebe an jedem „Verbindungspunkt" (an jedem Chakra) öffnen sich die Seelengefährten für das Energieniveau, welches durch dieses Chakra repräsentiert wird. Durch diese Öffnung dienen sie der Welt auf diesem Niveau. Je bewusster die Energie ausgesandt wird, desto kraftvoller beeinflusst sie die Dinge um sie herum. ***Es ist unbedingt erforderlich, dass ein Seelengefährtenpaar gemeinsam von der Energie und Liebe gibt, die sie besitzen.*** Im Idealfall einer hohen Entwicklung strömt das Licht aus jedem der Chakren, über welche die beiden sich verbinden. So wird die höchste Schöpfungsenergie in ihr System hineingezogen und dann nach außen, an die Menschheit, an die Erde oder wohin auch immer sie geleitet wird, weitergegeben.

Es sind die „aktivierten" Vereinigungen der Seelengefährten, die diese Welt und alles, was damit verbunden ist, augenblicklich emporheben können und werden. Es gibt viele Möglichkeiten für ein Seelengefährtenpaar, sich mit der Energie zu verbinden und sie zu steuern. Eine der kraftvollsten ist die sexuelle Vereinigung. Natürlich werde ich euch dazu noch mehr sagen. (Siehe Band 2: *Sag ‚Ja' zur Liebe - Gott enthüllt die Liebe der Seelengefährten und die heilige Sexualität*). Im Moment lasst mich euch so viel dazu sagen, dass die sexuelle Vereinigung die mächtigste kreative Kraft in dieser Welt ist. Sie ist dazu bestimmt, dass die Menschen sie als Brennstoff für die ihnen eigene Schöpfungskraft einsetzen. Sie ist auf jeder Ebene eine schöpferische Kraft. Was Geist und Herz während der sexuellen Vereinigung in sich tragen, wird hinausgeschickt in die Existenz. Das ist der Grund, warum die sexuelle Vereinigung solch eine Anziehungskraft für die Menschen hat. Sie ist auch die schöpferische Energie hinter manch einer menschlichen Hölle und auch manch einem Himmel.

Ich verstehe, dass Teile dieser Information für einige von euch „abgehoben" klingen mögen. Andere werden sie sofort wieder erkennen. Viele von euch, die sich in diesem Leben auf der Erde an die Wahrheit erinnert haben, werden sagen, dass sie diese Dinge über die sexuelle Vereinigung immer gewusst haben. Viele Andere werden sich erinnern, dass sie sich bereits in sehr frühen Jahren sicher waren auf ihren Seelengefährten zu warten.

Ihr habt oft gehört, dass „wenn der Schüler bereit ist, der Lehrer erscheint". Wisst auch, dass, wenn das Herz offen ist, der Seelengefährte erscheint, und sehr wahrscheinlich ist es die Person, mit der ihr zusammen seid. Es wird wahr sein, solange jene Person ihr Herz öffnen kann. Das allein ist notwendig, damit der Seelengefährte sich durch euch ausdrücken kann. *Es ist die Energie des Gebens, die zwischen zwei Menschen die Energie der Seelengefährten in Bewegung bringt.* Urteilt also nicht über die Fähigkeit einer Person ihr Herz zu öffnen, bevor ihr nicht selbst in der Lage seid, eindeutig und klar von der Liebe eures Herzens zu geben, denn in den meisten Fällen wird dann die Person vor euch erwachen.

Viele Menschen suchen nach ihrem Seelengefährten und warten auf jemanden, der so viel gibt, dass sie ihn daran als ihren Seelengefährten erkennen. Ihr könnt jetzt sehen, dass dies der falsche Ansatz ist! Der einzige Weg euren Seelengefährten zu sehen besteht darin, die Energie der Doppelhelix des Lebens zwischen euch zum Fließen zu bringen. Der einzige Weg damit zu beginnen geht über das Geben. Es ist wahr, dass ihr jemanden finden könntet, der dies bereits verstanden hat und euch alles geben würde, auf der Herzensebene oder einer höheren Ebene, aber warum solltet ihr darauf warten? Und lasst euch nicht vom Ego täuschen! *Oh, das Ego würde alles tun, um euch zu überzeugen, dass ihr gebt, wenn es nicht so ist!* Von der Ebene des Egos aus zu geben ist eine Farce. Es ist nicht wahr und wird euch daher nie verbinden. Natürlich will das Ego genau das, denn sein Ziel besteht darin weiter zu existieren.

Wenn ihr euch also in der Meditation oder um Führung zu erhalten an mich wendet, dann erinnert euch, dass ihr am höchsten Punkt der Doppelhelix vollständig mit mir verbunden seid. Ihr seid euch dann aller Ebenen der Wahrheit bewusst. Die Krone ist die Ebene des Seelengefährten und Menschen, der vollkommen verbunden sowie Mitschöpfer des Universums ist.

Wie erreicht ihr die von euch gewollte Ebene, um diese Verbindung herzustellen? Wie verbindet ihr euch mit der Schöpfungsenergie, der größeren Doppelhelix? Indem ihr gebt! Während ihr jeden Tag euer Herz für euren Seelengefährten öffnet, müsst ihr aktiv Liebe an ihn oder an sie schicken. Gebt dem Energiefluss einen Kick! Geht in Kontakt mit der Helix! *Dehnt euch aus*, streckt euch nach eurem Seelengefährten aus. Lasst eure Energie fließen. Sitzt nicht passiv da, wartet nicht darauf etwas zu erhalten. Habt ihr erst einmal die Verbindung hergestellt, werdet ihr selbst die Verbindung sein, durch die sich meine Liebe in der Welt manifestiert.

Was ihr als „Zeichen der Unendlichkeit" betrachtet (es sieht aus wie die Zahl 8), beschreibt die Helix auf der gegenwärtigen physischen Ebene. Somit entspricht das energetische Muster der gesamten Schöpfung dem „Zeichen der Unendlichkeit". Wenn sich eure Herzen geöffnet haben und ihr eure Rolle in der Neuen Welt oder Realität übernommen habt, wird es nur noch drei Verbindungen geben – Krone, Hals und Herz. Im Moment sind es noch alle Verbindungen.

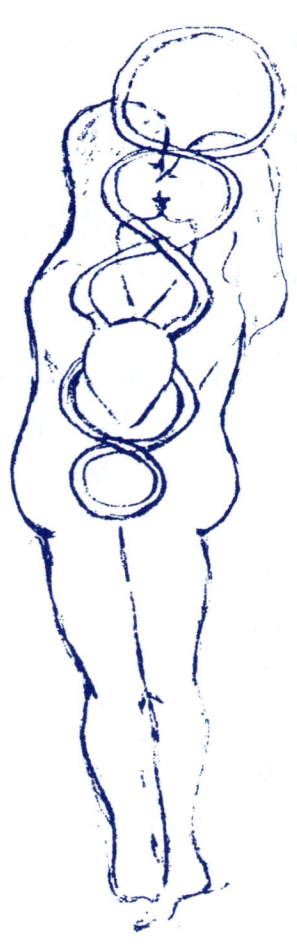

Zu gegebener Zeit werde ich euch zeigen, wie ihr die sexuelle Verbindung von der Basis zum Herzen verschieben könnt.

Lasst euch bitte nicht von diesen Einzelheiten überwältigen. Lasst sie einfach wie Regentropfen ganz sanft in euer Bewusstsein fallen. Wenn sich euer Herz dann öffnet, werdet ihr verstehen, was geschieht; ihr werdet fühlen, wie ihr euch mit diesen Energien verbindet.

Erwacht, meine geliebten Kinder. Erwacht! Öffnet eure wunderschönen Augen für die Ebene, auf der ihr mich sehen könnt. Öffnet euer Herz, so dass ihr meine Liebe erfahren könnt. Und dann, vom Bewusstsein angetrieben, nehmt eure Liebe, sprecht die Wahrheit eures vereinten Wesens aus und werdet zu Schöpfern. Fügt meiner Schöpfung etwas Neues hinzu, lasst eine neue Liebe in meinem Herzen erscheinen und eine weitere Überraschung in meinem Bewusstsein. Erlebt das Leben als die Energie des Gebens und durch euer Erwachen werdet ihr gesegnet sein.

Das Herz muss sich öffnen,
damit ihr euch ändern könnt.
Um sich zu öffnen, muss es
bereit sein zu geben –
aufzugeben, was es jetzt ist,
für das Versprechen,
was es sein wird.
Hierzu muss es sich
einem Anderen hingeben.
Das Versprechen der Liebe
ist es wert zu riskieren, dass ihr verliert,
was ihr seid,
um das zu werden,
was die Liebe aus euch machen wird.
Nur durch den Anderen könnt ihr
erkennen, wer ihr selbst seid.

Wenn euch die Liebe verletzt hat, war es nicht die wahre Liebe

Ich bin in jedem Augenblick hier bei euch, so wie das Schlagen eures Herzens, die Luft, die ihr atmet und die Schönheit, die ihr seht, wenn ihr in die Welt blickt. Ihr seid nie von mir getrennt. Niemals. Die Substanz eures Wesens ist meine Substanz.

Also möchte ich, dass ihr seht, dass ich in diesem Augenblick hier bin, in dem ihr euch umdreht und für mich öffnet. Ich stürme herein! Berühre euch und eure Gefühle, begeistere euch. Mit jedem Moment, mit jedem Herzschlag fließt euch alles zu. Alle Dinge um euch herum werden in Harmonie mit mir gebracht – durch euch.

Worum ich euch bitte, ist, dass euer Herz mit Liebe erfüllt sein möge. **Liebe kann nie verletzen – nicht einmal versehentlich.** Ich werde es euch noch einmal sagen. *Liebe kann nie verletzen.* Es ist die Natur der Liebe, dass sie immer heilt – sie heilt alle Herzen, heilt Emotionen und heilt den Geist. **Wenn euch die Liebe jemals verletzt hat, dann war es nicht wirklich die Liebe. Es war das Ego, als Liebe verkleidet.** Es waren Kräfte der Trennung, als Diener der Liebe maskiert. Daher bitte ich euch es anzunehmen, wenn ich sage, dass Liebe nicht zerstört oder verraten werden kann. Wenn ihr es annehmt, werdet ihr zu einer wahren Beziehung mit der Liebe finden; nur so kann zwischen uns jene Verbundenheit entstehen, die Anmut und Freude bedeutet und Grundlage eurer Existenz ist.

…önnt ihr das aufnehmen? Bitte, ihr solltet es. Die meisten Menschen sind nie mit wahrer Liebe in Kontakt gewesen. Aber sie glauben, dass sie es waren. Und daher haben sie das Gefühl, es sei gerechtfertigt, die Liebe schlecht zu machen und sich davor zu verstecken. Wenn ihr wirklich die Liebe lebt, dann entsteht Glückseligkeit. Es entsteht ein kontinuierliches Bewusstsein von überfließender Freude. Wahre Liebe ist immer unterstützend. Ihr seid immer *mehr* durch die Liebe, niemals *weniger*. **Es liegt daran, dass das menschliche Herz sein Geburtsrecht kennt, dass der Glaube an die Liebe fortbesteht.** Wenn ihr die wahre Liebe lebt, dann gibt es nur eine Aufwärtsbewegung – Freude, die zu immer tieferer Freude wird. Einige von euch beginnen jetzt wahre Liebe zu erfahren. Ihr beginnt, den immer größer werdenden Respekt von wahrer Liebe zu sehen. Und die Zärtlichkeit. Wenn ihr erst einmal die Ebene der wahren Liebe mit einer Person erreicht habt, wird diese Beziehung immer nur wachsen, solange ihr euch nicht abwendet. Das also ist die Wahrheit der Liebe. Die wahre Liebe gibt immer noch mehr, liebt immer noch mehr und bedeutet immer Erleuchtung. Und ihr könnt die wahre Liebe wählen.

Bitte, ihr Lieben, setzt euch hin und nehmt dies auf. Wahre Liebe wird euch immer nur als euer wahres Selbst darstellen. Wahre Liebe wird euch niemals leiden lassen. Es gibt viele Theorien über Beziehungen, die besagen, dass wir immer weiter gehen sollen, dass wir dazu bestimmt sind, zwar monogame, aber dennoch zahlreiche Beziehungen zu führen und immer mehr und neue Lektionen zu lernen. Das ist nicht wahr. **Die Liebe ist das höchste Ziel. Sie ist das einzige wahre Ziel.** Sie kann durch den Wunsch eures Herzens ins Leben gerufen werden. Und wenn es wahre Liebe ist, dann gibt es keine „Lektionen" mehr zu lernen. Wenn ihr bereit seid, mir eure kostbaren Herzen zuzuwenden, werde ich euch lehren, wie ihr die Liebe leben könnt. Ich werde euch zeigen, wie sich die Liebe anfühlt, denn ich werde euch mit meiner Liebe erfüllen. Wenn meine Liebe in euch hineinströmt, um euch höher zu tragen, euch zu umarmen und zu segnen, dann werdet auch ihr lieben. Die Liebe wird die Illusionen des Egos beseitigen und ihr werdet wissen, dass all der Schmerz, den ihr erfahren habt, niemals das Ergebnis von Liebe war. Nein, es war das Ego, das sich als Liebe verkleidet hat. Die Liebe wird euch eine andere Erfahrung bringen und der Freude noch mehr Freude hinzufügen, während die Wahrheit der Liebe zu eurer neuen Erfahrung wird.

Ihr Lieben, glaubt an die Liebe. Entscheidet euch vertrauensvoll für die Liebe und sie wird euch unfehlbar zu eurem wahren Sein zurückführen.

Ihr seid erschaffen
als eine Bewegung meiner Liebe,
die durch mein Herz hinausgeschickt wird,
um die Schöpfung zu berühren.
Ihr tragt eine besondere Energie in euch.
Eure Seele selbst ist ein vollkommenes
Fenster, durch das meine Liebe
nach außen gerichtet ist.
Wenn also jedes menschliche Wesen
mir einfach erlauben würde,
durch es hindurchzuströmen,
dann würde meine Liebe
durch die Anmut eures Wesens geformt
werden und als vollkommenes Geschenk
weitergegeben werden,
um die Schöpfung
zu segnen und auszudehnen.

Die Sehnsucht nach Liebe ist ein spiritueller Ruf

Die Sehnsucht nach Liebe, die ihr in euch tragt, ist keine Schwäche. Sie ist kein Mangel an elterlicher Liebe oder eine Leere, die geschaffen wurde, damit ihr sie zu füllen versucht. *Eure Sehnsucht nach Liebe wird von mir in eure Herzen gelegt. Sie ist euer göttlicher Ruf. Sie ist euer „Peilsender". Sie ist der spirituelle Wunsch nach eurem wahren Zuhause, nach eurer richtigen und echten Beziehung mit mir und mit eurer wahren Liebe.*

Es stimmt mich traurig, dass dieses Verlangen, das ich euch mitgegeben habe, in dieser Kultur momentan als Schwäche gesehen wird. Es wird euch gesagt, dass es euch im schlimmsten Fall co-abhängig macht und im besten Fall macht es euch weniger unabhängig. Also wendet ihr euch von eurer göttlichen Botschaft ab und wählt stattdessen die Botschaften des Egos, welches versucht Trennung hervorzurufen. Das entfernt euch von den Dingen, die euch ganz sein lassen.

Doch auch während die Menschen an solchen Überzeugungen festhalten, besteht weiterhin die Sehnsucht im Herzen. Sie kann weggestoßen werden. Aber sie ist immer noch da. Das führt zu einem inneren Krieg, einem inneren Kampf, der die Menschen ihrer Kraft und ihrer Vision beraubt und, was noch entscheidender ist, er beraubt sie auch ihrer Spiritualität.

Anstelle von Liebe setzen die Menschen Drogen und Alkohol ein – emotionalen Missbrauch, ständiges emotionales Auf und Ab, Abhängigkeiten jeder Art. Essstörungen. All diese Dinge werden vom

Ego entworfen, um euch von eurem Wunsch nach Liebe abzulenken oder auch von eurem Versuch, wieder das zu beanspruchen, was ihr weggeschickt habt. Durch Alkohol könnt ihr ein warmes Gefühl der Unterstützung empfinden. Drogen können euch wieder in Kontakt mit eurer Seele bringen. Aber diese Dinge stehen euch von Natur aus durch die Liebe zur Verfügung. *Die Liebe öffnet euer Herz und gibt euch eure Seele zurück.* Die Liebe bringt alles in eurem Leben in die richtige Ordnung – nicht, weil sie eine Phantasie ist, sondern *weil sie euch wieder mit mir in Berührung bringt. Sie stellt euch in die richtige Beziehung mit eurer Welt, mit der Liebe an erster Stelle.*

Wenn ihr euch verliebt, könnt ihr diese Verbindungen sehen. Ihr könnt das Leben in allem spüren. Ihr empfindet Mitgefühl für Andere, weil euer Herz offen ist. *Liebe ist keine Phantasie. Liebe ist das, was real ist. Alles Andere ist eine Phantasie* und nicht nur eine Phantasie, es ist eine Lüge. Es ist eine Lüge des Egos, das euch glauben lassen will, ihr könntet besser ohne die Liebe leben. Das Resultat ist die Welt, die ihr seht. Das Verleugnen von Liebe in all ihren Formen erschafft Krankheit und Schmerz, Verzweiflung und Missbrauch. Je mehr die Liebe verleugnet wird, um so mehr krankt die Gesellschaft.

Ihr müsst die Liebe jetzt zurückfordern. Tut alles in eurer Macht stehende, um den Lügen zu widersprechen. Tut alles, was ihr könnt, um die Wahrheit der Liebe zu bejahen und das nicht nur im weiteren Sinne eines vagen Glaubens, sondern im persönlichen Sinne in der Welt jedes Individuums.

Zu allen Zeiten, in denen ihr begonnen habt zu glauben ihr wäret schwach, wenn ihr nach Liebe verlangt habt, habe ich zu euch gesagt: „Nein! Haltet daran fest! Haltet an eurem Glauben an die Liebe fest, unabhängig davon, was passiert. Unabhängig davon, was ihr vor euch seht! Unabhängig davon, was zu glauben man euch vorschreibt." Ich verspreche euch, dass nur durch das Herz, nur durch das Wiederaufleben der Liebe, die Menschheit „gerettet" werden wird. Nur durch das erneute Empfinden von Liebe können alle Dinge den ihnen gemäßen Platz einnehmen und alle Wesen wahre Nahrung finden. Sie werden versorgt mit der Nahrung des Geistes ebenso wie mit der Nahrung des Körpers.

Die Liebe ist die einzige wirkliche Nahrung. Alles wird durch sie versorgt. Wenn Liebe da ist und alle Dinge wachsen, wird dieses Wachstum auf jeder Ebene reflektiert.

Der Weg hat sich geteilt. Die „Straße ohne Liebe" ist der Weg, den ihr seht, wenn ihr die sichtbare Welt anschaut. Ihr wisst das. Tief im Inneren versteht ihr, dass all der Hass, die Verbrechen von Menschen gegen Menschen, Eltern gegen Kinder, diejenigen der Menschheit gegen den Planeten, dass jedes einzelne Verbrechen im Kern zurückzuführen ist auf den Verlust von Liebe, den Mangel an Liebe, die Leere und Verzweiflung eines Lebens und einer Realität ohne Herz.

Die andere Weggabelung liegt jetzt vor euch, wird in dem Maße immer sichtbarer und größer, in dem die Herzen ihre Fähigkeit zu lieben zurückfordern. Um aber diesen Sprung in die neue Realität zu machen, wird ein standhafter Glaube benötigt, der nicht schwankt, der echt und verbunden ist. Es werden diejenigen gebraucht, deren Herzen verbunden sind und deren Vision klar ist, und die wieder und wieder das Bild eines Lebens zeichnen, welches in der Liebe verankert ist und somit in mir. Ihr kennt diese Worte. Ihr kennt die Konzepte. Aber die Entscheidungen werden in den täglichen Erfahrungen getroffen. In jedem Augenblick. Nicht nur die offensichtlichen Entscheidungen für die Liebe oder für die Angst, sondern auch die subtilere Wahl, die Liebe in jedem Moment die einzige Priorität sein zu lassen. Persönlich.

Es geschieht in den Beziehungen; dort trefft ihr eure Wahl. Jeder Moment ist eine Schöpfung und das Licht strömt ein und berührt euch. Dieses Licht manifestiert euren Glauben in jenem Augenblick und die Summe eurer Entscheidungen aus den einzelnen Momenten.

Darum müsst ihr die Liebe direkt vor euch haben, als eine Person. Die Manifestation der Frage eines jeden Augenblicks – was wählt und erschafft ihr jetzt? Bitte lasst die Liebe eure Antwort sein! Bitte stellt die Liebe über jene Dinge, denen ihr erlauben könntet, euch von der Liebe wegzuziehen.

Verkündet die Wirklichkeit der persönlichen Liebe, der wahren Liebe, der Seelengefährten. Verkündet die Wirklichkeit der Liebe, welche die „Leere auffüllen wird", die Bedürfnisse befriedigen und euch in eure Mitte bringen wird. Das ist keine Schwäche! Es ist keine Co-Abhängigkeit. Es ist die Wirklichkeit. Die Liebe soll euch in eure Ganzheit führen. Was ist daran falsch? Sogar dann, wenn es als

Egoaustausch beginnt, sogar, wenn es nach „Co-Abhängigkeit" (was immer das bedeutet!) aussieht, ist es die Sache wert. Warum? **Weil ein einziger Augenblick von wahrer Liebe alles verändern kann.** Zwei Augenblicke können alles heilen. Drei Augenblicke und plötzlich enthüllt sich alles! Das Ego wird als das erkannt, was es ist. Ein Paar entscheidet sich für das Herz als Wirklichkeit und plötzlich haben sie die Welten gewechselt. Plötzlich leben sie in der neuen Welt, der Welt der Liebe, die darauf wartet von der Menschheit beansprucht zu werden. All diejenigen, welche die Beziehung des Paares verurteilt haben, warten noch immer, leer und allein, ob sie in einer Beziehung sind oder nicht.

Die Liebe birgt kein Risiko. Man kann nur gewinnen, denn die Liebe bringt Heilung mit sich. Nicht nur die Heilung alter Schmerzen, sondern die Befreiung vom Ego – das Erwachen. In einem kurzen Augenblick kann durch die Liebe alles verändert werden. **Die Liebe ist alles wert.** Göttliche Liebe wird immer persönlich sein. So funktioniert das Universum. Erkennt ihr das? Alles, was ihr seid und alles, was ihr lernen sollt, kommt durch die „Lektionen" eures Lebens zu euch. Mit Sicherheit könnte die Liebe gar nicht anders sein. Liebe kann euch nur segnen.

Wenn ihr die Liebe versteht, wenn ihr euch öffnen und zulassen könnt von ihr berührt zu werden, dann werdet ihr wissen, dass euch ein Augenblick der wahren Liebe zu euch selbst zurückbringt. Sie verbindet euch wieder, lässt euch euer Herz erfahren, zeigt euch eure Mitte, verändert euch, lässt euch wachsen und bietet euch sogar die Transformation in ein erwachtes menschliches Wesen an. Dies alles aus Angst abzulehnen, ist völlig absurd.

Menschen, die nicht in einer Beziehung sind, verschließen sich aus der Angst heraus verletzt zu werden oder aus der Angst heraus nicht „den Richtigen" zu finden. Menschen, die in einer Beziehung sind, finden tausende von Möglichkeiten sich abzuwenden, eine Distanz zwischen sich aufrecht zu erhalten, kritisch, gereizt oder was auch immer zu sein. Das alles ist das Ego, das darum kämpft weiterzuleben. Das Ego will, dass ihr weiterhin glaubt, dass die Angst mächtiger ist und die Liebe euch verletzen kann. Wenn ihr erst die Wahrheit und die ganze Lage versteht, werdet ihr auch verstehen, wie ungemein absurd dies ist. Die Liebe ist eure höchste Wahrheit, die Essenz eures Wesens, eure Verbindung mit mir. Eure Verbundenheit mit allem Leben, die Sprache eurer Seele und der ganzen Schöpfung – zu glauben es sei besser sie zu vermeiden, liegt jenseits des Irrsinns.

Es gibt so viele Dinge, die ich euch zeigen will. Und für jedes einzelne wird ein erwachtes Herz benötigt. Es wird ein Verständnis für die Sprache der Liebe benötigt. Ihr seht also, sogar wenn all die „Gefahren" der Liebe real wären, wäre es immer noch die Sache wert, weil ihr dadurch Zugang zu mir finden würdet. Direkt und klar.

Selbst wenn ihr also nur eine kurze Zeit der Liebe mit jemandem teilen würdet, könnte euch die Erfahrung der Liebe in diesem Zeitraum, wenn ihr es zulasst, Zugang zu einer inneren Führung geben, die euch für den Rest eures Lebens lehren und leiten könnte. Aber hört gut zu! Gleiches zieht sich gegenseitig an (ihr wisst das). Selbst ein Moment der wahren Liebe zieht mehr wahre Liebe an! Dies könnte nun gemäß eurer begrenzten Sicht bedeuten, dass das Erfahren von Liebe mit einer Person dann die nächste Person anziehen würde, mit der ihr noch tiefere Liebe erfahren könntet. Aber die Wahrheit sieht so aus. Die Erfahrung von Liebe zieht das wahre Wesen an, die wirkliche Liebe der Person, die ihr vor euch habt, so dass diese Person zu mehr Liebe fähig ist, von mehr Licht erfüllt und für euch zugänglicher ist. Wenn diese Person euch dann diese Art von Liebe widerspiegelt, euch auf diese Weise liebt, dann seid ihr bereit euch tiefer für die Liebe zu öffnen. Ihr gewinnt Zugang zu eurem wahren Selbst und eure Beziehung blüht. In anderen Worten, wenn ihr die wahre Liebe wählt, dann wird die wahre Liebe da sein.

Die Person, die ihr vor euch habt, wird immer schöner werden, von mehr Licht erfüllt sein, offener und stärker mit mir verbunden. Wenn ihr auf diese Weise geliebt werdet, werdet auch ihr aufblühen. Plötzlich werdet ihr erkennen, dass ihr eine Liebe vor euch habt, die größer ist als alles, von dem ihr je geträumt habt. Die Form folgt der Liebe. Die Welt, die ihr erlebt, folgt auch der Liebe. Dieses ist die neue Welt. Dies ist es, was ihr finden werdet, wenn ihr mit eurem Herzen sehen könnt.

Daher bitte ich euch darum: *Wagt den Sprung in die Liebe. Täglich. Augenblick für Augenblick.* Wenn ihr das tut, verspreche ich euch, dass ihr die Welt verändert. Diejenigen, welche „die ganze Welt" lieben, werden gar nichts verändern und werden auch selbst keine Veränderung erfahren. Nein, die Liebe ist persönlich, sie steht direkt vor euch. Nur so werdet ihr eure Erfahrung mit allen Dingen verändern.

Diese Entscheidungen für die Liebe zu treffen ist etwas, das so lange Mühe kostet, bis eure Schwingung höher und schneller ist als diejenige des Egos (sie also im Herz-Chakra oder darüber liegt). Es ist wie mit der Schwerkraft. Ihr müsst genügend Geschwindigkeit aufbauen, um euch zu befreien und dann ist es leicht. Denkt darüber nach, wie viel Treibstoff benötigt wird, um Raketen anzufeuern, die eine Raumkapsel über die Erdatmosphäre hinaus in den Weltraum bringen. Es wird sehr viel benötigt. Ein heißes, sehr heißes Feuer, sehr viel Treibstoff. Eine beeindruckende Kraft. Das ist es, was auch von euch verlangt wird, um die Liebe zu wählen. Aber euer Herz kennt diese Wahrheit und es will die Reise unternehmen. Die jetzige Zeit in der Geschichte der Menschheit bedeutet im Wesentlichen, dass die „Schwerkraft" geringer wird. Es wird jetzt immer leichter „abzuheben", als es jemals zuvor war, weil ihr das Zeitalter der Heimkehr betretet.

Es ist die Erinnerung dieser Worte, das Licht und der unumstößliche Glaube an die Liebe, die, wenn sie immer wieder miteinander geteilt werden, den Menschen den Anstoß geben, den sie brauchen, um die Atmosphäre der Illusion zu durchbrechen, um von der Schwerkraft des Egos frei zu sein und das größere Universum (im wahrsten Sinne des Wortes!) zu betreten.

Aus diesem Grund rufe ich euch. ***Glaubt vor allen anderen Dingen an die Liebe.*** Wenn ihr mich erst einmal berühren und diese Wahrheit erfassen könnt, wenn ihr erst einmal über die Atmosphäre des Egos hinausschauen könnt in die dünnere Atmosphäre lebensverändernder Schönheit, dann könnt ihr gemeinsam den Treibstoff für die Reise aufbringen. Durch den Liebesakt, der die kraftvollste „Trägerrakete" wie auch das perfekteste Werkzeug der Schöpfung ist, werdet ihr eure Reise anfeuern. Ihr werdet euch in die Augen sehen und indem ihr die Wahrheit darin seht, eure und die Wahrheit der Liebe, hin und her, hin und her, werdet ihr gemeinsam frei sein, im Reich des Herzens. Das ist die Bestimmung. Zwei Herzen sind zusammen der Schlüssel. Wenn ihr gemeinsam schaut, werdet ihr den Weg nach Hause sehen. ***Wagt den Sprung. Öffnet euer Herz, der eine für den Anderen.***

Ihr müsst verstehen, dass die Person, mit der ihr zusammen seid, sich ändern wird, wenn ihr euch ändert. Er oder sie wird vor euren Augen aufblühen und wird dann zu euch passen, von Herz zu Herz, Geist zu Geist, Seele zu Seele. Diese Person vor euch wird beginnen die Energie eures Seelengefährten zu verkörpern. Die Wahrheit eurer Vereinigung mit nur einer Person liegt in dem Vertrauen und der Sicherheit, durch die es euch möglich ist aufzublühen und eure höchste Wahrheit zum Ausdruck zu bringen. Dieser Mensch wird euch die Liebe spiegeln, euch erfreuen, herausfordern, erweitern und euch segnen. Es wird ein Regenbogenpfad sein und nicht etwas Kleines und Graues. Es wird ein Eingang zum Universum sein, der Pfad zur Integration eures Herzens und eurer Seele. Dieser Pfad geht soweit über die Grenzen hinaus, wie ihr gehen könnt, denn er ist die richtige Beziehung. ***Er ist das Bewusstsein der Seelengefährten. Zwei Hälften eines Ganzen, die sich gegenseitig reflektieren, was ihnen fehlt, um ein vollkommen bewusstes Kind Gottes zu sein (mein Kind!).***

Die Beziehung von wahrer Liebe zwischen zwei Menschen ist die befreiendste Beziehung, die je erschaffen wurde. Glaubt an sie, an die Liebe, an eure Seele, an euren Gefährten, und ihr werdet eure Göttlichkeit zurückfordern.

Und nun eine letzte wichtige Sache für diejenigen, die diesen gemeinsamen Pfad noch nicht wählen können. Wenn ihr noch nicht daran glauben könnt und sogar, wenn ihr nicht das Gefühl habt „den Einen" gefunden zu haben, rufe ich euch dennoch auf, den Sprung zu wagen. Liebt ganz und gar, sogar wenn ihr glaubt, dass es „enden" wird. In Wahrheit ist es ohnehin alles eins (dies kann auf eurer Ebene noch nicht erklärt werden). *Eure Reise zu eurem Seelengefährten ist eine einzige Reise, unabhängig davon wie viele Gesichter sie haben mag. Also taucht ein.* Liebt, als wäre es derjenige oder diejenige. Lehnt die Vorstellung ab, dass die Liebe euch verletzen wird. Wisset, dass ihr euch in jedem Moment weiterentwickelt, in dem ihr euer Herz öffnet. Ihr fordert eure Wahrheit zurück und in jedem Moment, in dem ihr liebt, kommt ihr eurer wahren Liebe näher.

Je mehr ihr euch in eurer Beziehung vom Ego fernhalten könnt, desto klarer wird dies werden. Ihr seid vielleicht sogar in der Lage genau diese Beziehung in eure Traumbeziehung zu verwandeln, solange es euer Herz ist, das träumt und *nicht* euer Ego. Das ist die entscheidende Wahl, die ihr treffen müsst.

Wenn ihr erst erkannt habt, dass das Ego euch niemals die wahre Liebe ermöglichen wird und nie mit irgendeiner Person zufrieden sein wird, dann könnt ihr beginnen euch zum Herzen hinzubewegen. Diese Bewegung wird die „Suche" beenden und die Transformation beginnen lassen. Eine Reise beginnt mit einem einzigen Schritt. Wahre Liebe beginnt mit einer einzigen Entscheidung – mit der Wahl aus dem Herzen heraus zu lieben.

Was ihr über die Wirklichkeit lernen werdet, wird euch aufrütteln. Es hat nichts mit dem zu tun, was ihr denkt. Aber das, was ihr über die Liebe lernen werdet, wird euch erwecken. Euch befreien. Es wird mich auf die persönlichste Weise zu euch bringen – in den Augen eures Geliebten. Auf den Lippen eures Geliebten. Im Herzen eures Geliebten. Ihr Lieben, dort werdet ihr mich sehen!

Seid ihr bereit eure wahre Liebe hereinzulassen? Seid ihr bereit eure Träume wahr werden zu lassen? Seid ihr bereit in einer Welt zu leben, die reich an Bedeutung ist und an Tiefsinnigkeit, die wundervoll ist in ihrer Verbindung mit jedem Aspekt der Wirklichkeit? Ja? Dann lasst uns zusammen zum Spiegel eures Seelengefährten gehen. Dort werdet ihr mich auf neue Weise sehen.

Es ist ein Glaube an die Liebe, der jede andere Sache in eurem Leben übertrifft. Es ist ein Wunsch nach Liebe, vor dem alles Andere verblasst. Es ist das Voraussetzen von Liebe – das Wissen, dass sie da ist.

Es ist das Erwachen mit eurem ersten Atemzug als einem Gebet der Liebe, dass dieser Tag der Tag sein wird, an dem ihr sie wirklich erfahrt. Es ist das Einschlafen in Dankbarkeit für jeden goldenen Moment, in dem die Liebe auf euch schien.

Es ist der Geschmack von Liebe auf euren Lippen – nicht nur in dem Kuss eures Geliebten, sondern auch in der Leidenschaft eurer Worte. Jedes Mal, wenn ihr über die Wahrheit der Liebe sprecht, die Macht der Liebe, die Vollkommenheit der Liebe, sind diese Worte, die über eure Lippen kommen, mein Kuss. Jedes Mal, wenn ihr eure Überzeugung teilt, jedes Mal, wenn ihr diese Wahrheit aussprecht, bestätigt ihr meine Wirklichkeit. Und wenn ihr das tut, bringt ihr mich in euer Leben.

Der Seelengefährte – eine Definition

In all den Tänzen der Seele durch die Zeit hindurch gibt es viele Schattierungen der Persönlichkeit, viele Formen und Gesichter und viele Eigenschaften, in die eine Seele gekleidet ist um zu lernen. In Wahrheit ist jede dieser Persönlichkeiten ein „Finger" des Lichtes der Seele, der in die Zeit eintaucht, um in immer tiefer werdender Individualität zu wachsen.

Einige dieser „Finger" werden als Frau gekleidet sein und einige als Mann. Für jede Persönlichkeit, die eine Seele ausdrückt, gibt es auch die Persönlichkeit, die den Seelengefährten ausdrückt. Sie tanzen zusammen in einem immer tiefer werdenden Bewusstsein von Liebe, in all ihrer Pracht, in all ihren Formen. Die Seele hat kein Geschlecht und die Liebe zwischen Seelengefährten ist ewig. Wenn also wahre Liebe ganz in die Form gebracht wird, gibt es beim Erwachen keine Kriterien hinsichtlich des Geschlechts. Liebe ist Liebe, und Liebe ist die Grundlage der Schöpfung. Liebe ist die Essenz der Menschheit.

Im Erwachen der Liebe in der Welt kommt es zu einer Ausdehnung weit jenseits der Einteilung in Geschlechter. In dieser Zeit der Menschheitsgeschichte inkarnieren sich Menschen mit der ausdrücklichen Absicht, die Beziehung von Seelengefährten in der Welt der Form zu manifestieren. Warum? Weil das Verständnis dieser Beziehung die empirische Form des Erwachens ist.

Lasst es mich noch anders ausdrücken. Die gesamte physische Wirklichkeit dient dem Ausdruck des Wachstums und Erwachens der Menschheit. Sie ist eine spirituelle Schule in physischer Form. Alles, was ihr lernt, wird sich in eurem Leben manifestieren.

Folglich könnt ihr als Erstes sehen, dass *absolut alles, durch das ihr hindurchgegangen seid, dem ausdrücklichen Zweck eures eigenen Erwachens diente oder dem Zweck eures Dienstes am Erwachen der Menschheit.* Nichts Anderes. Wenn ihr erst nur diese eine Tatsache versteht, könnt ihr euer Denken über all die Dinge, die „euch passiert sind" vollständig und sofort verändern. Wenn ihr dieses Bewusstsein erst völlig akzeptieren und davon lernen könnt, befreit das die Zukunft von jeglicher Wiedererschaffung der Vergangenheit oder Erschaffung der Auswirkungen aus der Vergangenheit. Dies ist ein grundlegender und dringend notwendiger Wechsel, der überall stattfinden sollte. So wie ihr es mit allem entdeckt, weicht auch diese Entscheidung von der Perspektive des Egos ab. Anstatt zu sagen: „Ich bin verletzt. Das wurde mir angetan. Jemand ist schuld daran, " könnt ihr jetzt sagen: „Ich danke Gott, dem Schöpfer, für den Segen dieser Lernerfahrung."

Wenn alles, was ihr erlebt, die manifestierte Form eures Lernens ist und die Menschheit sich auf der Schwelle des Übergangs in das Herz befindet, wie würde sich das in der Welt der Form manifestieren? Es ist offensichtlich. Es würde sich als etwas Vertrautes manifestieren, als eure Liebesbeziehung. *Diejenigen, die man als „höchst bereit" oder als „höchst fortgeschritten" bezeichnen könnte, sind folglich hier, um die Liebe zu personalisieren und die Erfahrung der Seelengefährten zu leben. Indem sie das tun, vollziehen sie den Wechsel zum Herzen hin und setzen die Energie der neuen Welt frei.*

Indem sie sich der Seelengefährten-Beziehung verpflichten und die Manifestation der wahren Liebe wählen, heben sich diese Menschen selbst empor, so dass sie in den Herzen wirken. Sie sehen die Welt mit dem Herzen und somit sehen sie die wahre Heimat der Menschheit. In dem Maße, in dem jeder Mensch dies tut, wird natürlich auch die Schwingung des Ganzen angehoben und der gesamten Menschheit „Auftrieb" verliehen. Es wird ein energetischer Pfad geschaffen, dem Andere folgen können.

Wenn also mehr und mehr der jetzt inkarnierten Seelen das Ziel haben, die Wahrheit der Liebe in der Materie zu verkörpern, dann wird die Energie des Egos in die entgegengesetzte Richtung ziehen. Das ist der Grund, warum es zurzeit so viel Zynismus und eine so intensive Konzentration auf die Unabhängigkeit gibt und gleichzeitig so viel gesellschaftliches „Predigen", das kleine ich zu verwöhnen und mehr und noch mehr zu bekommen.

Was wir im Moment erleben, ist die Gegenreaktion des Egos, die voll im Gange ist, während die Seelen, die nach wahrer Liebe suchen, noch nicht in Erscheinung getreten sind. Dadurch sieht es manchmal etwas düster aus. Aber ich sage euch, ihr Lieben, die Energie ist vorhanden, um die wahre Liebe als den spirituellen Weg nach Hause zu erkennen.

Ihr seid nach meinem Bild geschaffen und ich habe euch in die Individualität gebracht, damit ihr mir die Liebe zurückspiegelt. Ich verstand meine Sehnsucht und das Bedürfnis nach einem Bewusstsein, welches fähig ist, sich selbst in der Liebe gespiegelt zu sehen. Daher habe ich das Gleiche für euch kreiert, als ich euch erschaffen habe.

Sogar diese Worte – „ich erschuf euch" – sind sehr begrenzt. In Wahrheit seid ihr aus einem Erwachen der Liebe in mir entstanden, das euch seiner Natur gemäß hervorgebracht hat. Die Sehnsucht in mir nach einem Bewusstsein und einem Herzen, das mich überraschen und erleuchten konnte, brachte euch sowohl in die Materie als auch in die Evolution hinein. Es war ein kosmischer Liebesakt, in dem alles innerhalb der Schöpfung berührt und bewegt wurde. Dieser Liebesakt brachte Wesen hervor, die mich sehen konnten, so wie ich sie sehen konnte; Wesen, die mich lieben konnten, so wie ich sie liebe. Mein Herz hat sich verkörpert.

Ich werde euch noch mehr von dieser Explosion der Liebe berichten, von dieser Erfahrung meines eigenen Erwachens, das euch ins Leben brachte.

Indem ich euch das Leben schenkte, gab ich euch also auch das größte Geschenk – das Geschenk, nach dem ich mich so sehr sehnte, dass ich es auch für euch ersehnte. Es war das Geschenk eines Wesens, das ein Teil von euch war und doch auch ein Individuum – jemand, der euch euer Selbst spiegeln konnte und der euch auch erstaunen und erfreuen konnte. Jemand, dessen Existenz euer Wesen ausdehnt und gemeinsam dehnt ihr die Schöpfung aus. Es ist euer Seelengefährte. *Euer Seelengefährte ist für euch, was ihr für mich seid.* Wenn ihr euren Seelengefährten verstehen wollt, dann lest dies noch einmal und lasst es in eurem Herzen sprechen und nicht in eurem Verstand. Wenn ihr in einer Beziehung seid und euch für den Seelengefährten vor euch öffnet, dann lest dies noch einmal. Wenn ihr euch nach eurem Seelengefährten sehnt und ihn oder sie zu euch bringen wollt, dann lest dies noch einmal. Lest es mit eurem Herzen.

Euer Seelengefährte ist real. Euer Seelengefährte ist der Schlüssel für euer Erwachen und für das Geheimnis und die Wahrheit der Liebe. Euer Seelengefährte ist immer bei euch, aber nur, wenn ihr mit eurem Herzen sehen könnt, dann könnt ihr ihn oder sie sehen. Das ist eines der wichtigsten Dinge, die ich euch sagen werde. Wenn ihr bereit seid die Verkörperung der Liebe zu sein, werdet ihr bei ihm oder bei ihr sein. Aber ihr könntet Millionen von Jahren mit eurem Ego schauen und euren Seelengefährten niemals erkennen.

Und weil diese Beziehung am jetzigen Punkt der Reise der Menschheit so wichtig ist, wird es unbedingt erforderlich, dass ihr eure Aufmerksamkeit bald auf die Botschaft über die Seelengefährten ausrichtet. Weil dieses Bewusstsein in euer Herz „eingebaut" ist, werden die meisten Menschen diese Wahrheit erkennen, wenn sie sie hören. Sie werden sie erkennen, weil sie es immer gewusst haben. Immer. Als ihr ins Leben kamt, zusammen mit meinem Wunsch, dass ihr ein Geschenk füreinander sein möget, genauso wie ihr mich beschenkt, bestand die

Ganzheit eurer Manifestation genau darin. Ihr wart, wie ich schon sagte, „zwei in einem". Das Yin-Yang Symbol ist das Symbol für die Beziehung der Seelengefährten. Dieses Symbol zeigt, wie ihr als „Embryo" ausgesehen habt: Du und dein Seelengefährte. Ihr wart genauso ineinander verwoben und auch als Energie wart ihr so. Weil euer gemeinsamer Zweck darin bestand Mitschöpfer zu sein, wurde auch eine Art „Polarität" benötigt, so dass die zwischen euch „entfachte" Energie stark genug war, um Leben hervorzubringen.

Nun ist diese Energie absolut. Einer von euch ist „Yin", der andere „Yang"; einer ist ein Plus und einer ist ein Minus. Das bezieht sich jedoch auf die Ganzheit eurer Seelenverbindung. Die Form, in die ihr eure „Lichtfinger" (Inkarnationen) kleidet, wenn ihr euch in der Zeit manifestiert, spielt keine Rolle. Es ist eure Seelenenergie, die das ist, was ihr als männlich und weiblich gekennzeichnet habt. Ja, der physische männliche und der physische weibliche Körper reflektieren das im Allgemeinen, aber nicht unbedingt auf perfekte Weise. Die Ego-Version von „Mann und Frau" unterscheidet sich sehr vom Yin und Yang der Seele.

Die dringendste Angelegenheit in dieser Zeit auf dem Planeten, abgesehen von der Hinwendung zum Herzen, besteht darin, über das Urteilen hinauszugehen. Dies ist ein natürliches Resultat daraus, dass man sich dem Herzen zuwendet. Die Grenzen und die Schranken des Bewusstseins, die euch zurückgehalten haben, werden geöffnet. Darum manifestieren einige Menschen ihre Beziehung mit dem Seelengefährten in gleichgeschlechtlichen Beziehungen. Es spielt keine Rolle. Es sind das

Herz und die Seele, die wichtig sind. Wenn es eine Lektion zu lernen gibt und dies durch eine gleichgeschlechtliche Beziehung erreicht werden kann oder wenn eine Angst vorhanden ist, die durch eine solche Beziehung gemieden werden kann, dann wird die Seele sich dafür entscheiden.

Das Ziel ist die Liebe. Wie auch immer es am Besten erreicht werden kann, so ist es in Ordnung. Ihr Lieben, eure Körper sind nur die dichte Form eurer Energie. Es gibt viele Möglichkeiten, wie einige dieser Beziehungen einen Teil der vorherrschenden Verzerrungen des Egos ausgleichen können.

Es gibt einen weiteren wichtigen Aspekt der gleichgeschlechtlichen Beziehungen, der immer offensichtlicher wird. Sie erweitern den Blickwinkel des gesellschaftlichen Bewusstseins, so dass sogar das Ego sich ausdehnt, um sich auf einen weiteren Blickwinkel einzustellen. Es gibt also viele Gründe, warum sich zahlreiche Seelengefährten als gleichgeschlechtliche Partner manifestieren. So wird eine Frau, die so viel Angst vor Männern hat, dass sie keinen Zugang zu ihrem Herzen findet (ganz vorherrschend in eurer Gesellschaft), ihren Seelengefährten in der Gestalt einer Frau zu sich rufen, so dass sie die Angst überwinden kann.

Eure Herzen wissen, dass jetzt die Zeit ist, dass die Liebe wichtig ist und dass die Liebe persönlich ist. Und so wird eure Seele „die beste Route entwerfen", um euch so schnell wie möglich dorthin zu bringen. Da euer Seelengefährte sich verkörpert, wenn ihr zu verkörperter Liebe werdet, kann die Form – falls ihr euren Seelengefährten in einer bestimmten Form nicht „erkennen" könnt – sich ändern. Ihr werdet feststellen, dass insbesondere Frauen, die sich bis dahin auf heterosexuelle Weise ausgedrückt haben, sich plötzlich in eine Frau verlieben. Sie sind überrascht. Es ist nicht so, dass sie es so geplant hätten. Es geschieht, weil sie zuviel Angst hatten, um ihrem Herzen zu erlauben sich für einen Mann zu öffnen, und ihr Seelengefährte wollte zu ihnen durchkommen. Etwas in der Frau war offen genug, um diese Liebe zu sich zu rufen, abgesehen von dieser einen Blockierung durch die Angst – also umging die Seele die Blockierung.

Liebe ist die Priorität. Nichts anderes, denn, wenn ihr erst einmal in eurem Herzen seid, werdet ihr alles Andere auf der Grundlage der Liebe zu euch hinziehen, auf der Grundlage der Schwingung des Herzens. Auf der Grundlage der Integrität des Herzens. Das wird die wahre Welt in Erscheinung bringen.

Also müssen die Menschen diese Wahrheiten bald annehmen. Haltet nicht nur an dem Traum von eurem Seelengefährten fest, sondern verwirklicht ihn, indem ihr lernt mit dem Herzen zu sehen und zu lieben. Diese Liebe ist euer persönlicher Weg nach Hause – zurück in eure Beziehung mit mir.

Wenn ihr eure tiefste Fähigkeit zur Liebe zum Ausdruck bringt, indem ihr die Liebe täglich mit eurem Seelengefährten lebt, dann werdet ihr beginnen – dadurch, dass ihr die Liebe in Aktion und die Liebe in der Materie versteht – eure Beziehung mit mir zu verstehen. Ich sage euch, dass der Blick in die Augen eures Seelengefährten euch die Wahrheiten der Ewigkeit zeigen wird. Es gibt nur eine Sache, die ihr über diese Wahrheit wissen müsst. Sie wird in der Sprache des Herzens „geschrieben" sein. ***Ihr Lieben, die Sprache des Herzens IST die Sprache der Ewigkeit.*** Sie ist die Schwingung von dem, was WAHR ist. Alles „unterhalb des Herzens" (alles von langsamerer Schwingung) ist Illusion. Es ist vorübergehend. Es dient nur dem Zweck des Lernens, bis ihr genügend „individualisiert" seid, um mich zu reflektieren, anstatt ICH zu sein.

Sprecht also die Sprache des Herzens und ehrt vor allem eure Träume von der Liebe. Diese Träume sind die Stimme der Ewigkeit, welche die Illusion der Welt der Zeit durchdringt. „Ich bin hier", ruft euch euer Seelengefährte zu. Eure Antwort sollte sein: „Ja! ich warte mit einem offenen Herzen." Glaubt nicht dem Ego. Lernt mit dem Herzen zu sehen und zu wissen und euer Seelengefährte wird euch diese Wahrheit widerspiegeln, dass ihr bereit seid, euren Platz in der Ewigkeit einzunehmen.

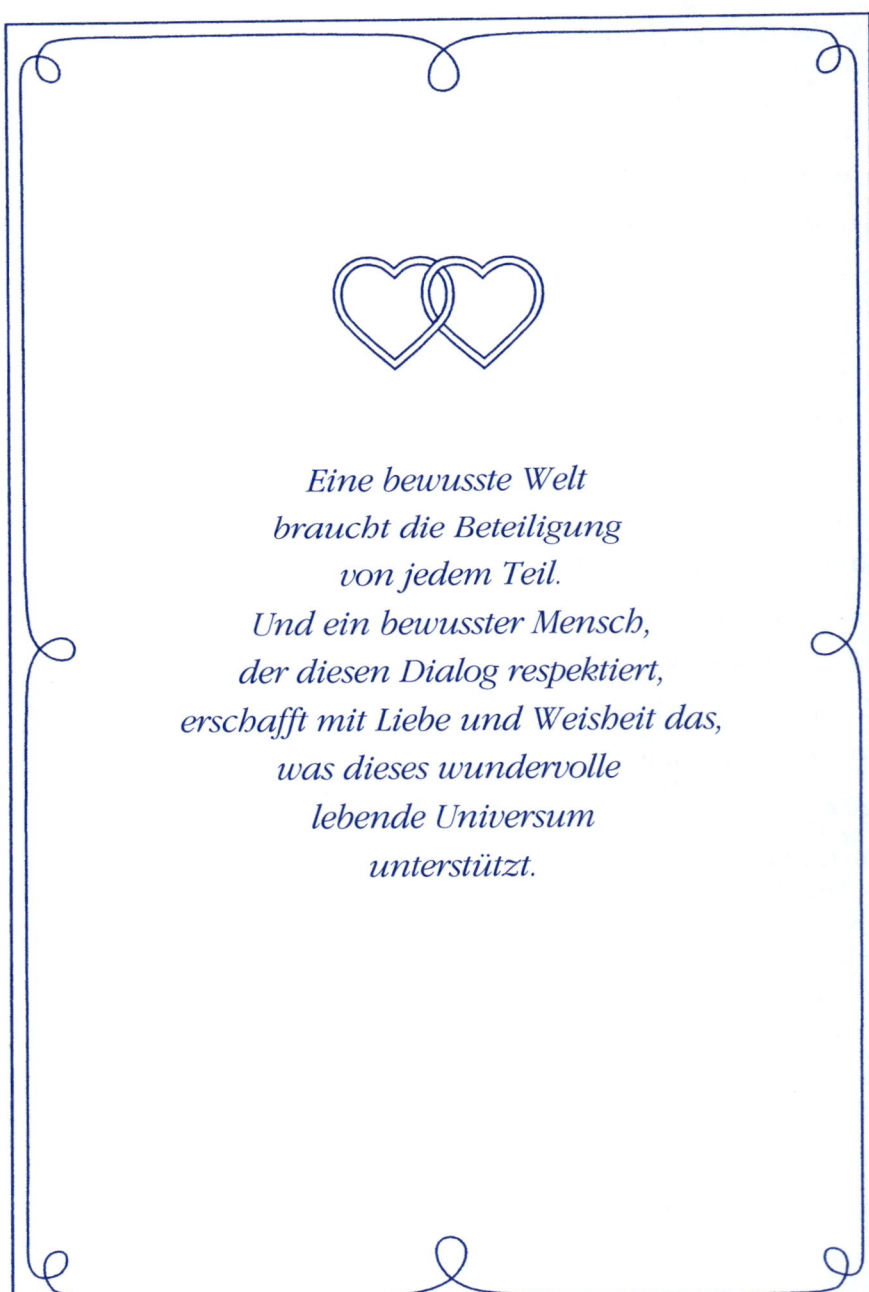

*Eine bewusste Welt
braucht die Beteiligung
von jedem Teil.
Und ein bewusster Mensch,
der diesen Dialog respektiert,
erschafft mit Liebe und Weisheit das,
was dieses wundervolle
lebende Universum
unterstützt.*

Nur wenn die Priorität darin besteht, Seelengefährte zu sein / ihn zu finden, wird alles wie von selbst geschehen

Wenn die Schleier der Zeit sich auflösen, wird die Welt sich euch in ihrer Ganzheit enthüllen. Ihr werdet sehen, wie sogar die zähesten Verfechter von Individualismus und Separatismus ganz direkt mit dem Bedürfnis nach Einheit, Ganzheit und Integration konfrontiert werden. Es gibt hier viele Wege zu lernen. Einer ist die Öffnung der menschlichen Herzen für meinen Ruf – die Öffnung für das Bewusstsein der Liebe als eure höchste Priorität – die Öffnung für das Verständnis des Ganzen, das durch seine vielen Teile Reichtum und Tiefe erfährt, die Vielseitigkeit als Grundlage für die Vereinigung.

Die andere Möglichkeit für das Verständnis der Ganzheit des Erde/Mensch-Systems liegt in dem, was ihr als Katastrophe bezeichnen würdet. Die Menschheit könnte direkt mit den Auswirkungen des gegenwärtigen Denkens und Handelns konfrontiert werden. Es könnten Nahrungsmittel-Engpässe auftreten, ein Ökosystem, das unter der Belastung kollabiert, weil es versucht, das Interesse einer wachsenden Bevölkerung zu unterstützen, die immer mehr haben, aber nichts geben will. Daher gebe ich euch das Bewusstsein eurer Magie – das Bild unserer Absicht, als wir uns gemeinsam in die Körperlichkeit hineinbewegten. *Ich rufe euch auf, euch an die Vollkommenheit der Liebe, die ihr seid, zu erinnern – an die Vollkommenheit der Liebe, die ich für euch empfinde und an die Wahl der Liebe, die*

ihr jetzt habt. Ich halte immer eure höchste Wahrheit aufrecht, denn ich weiß, wer ihr seid. Ich weiß ganz genau, wer ihr seid, denn ihr seid Teil meines Wesens, Zellen meines eigenen Herzens und diese Welt, die euch unterstützt, ist die Manifestation meiner Liebe in der Form.

Am Anfang war das Eine. Dann folgte das Eine, welches Zwei ist. Die Zellen meines Herzens erhielten eine Polarität innerhalb der Zelle, aus der kreative Energie erzeugt werden kann. Jede so aufgeladene Zelle wurde zu den Seelengefährten – das eine Wesen, das tatsächlich aus zwei Teilen besteht. Sie sind zwei Wesen, die den Tanz der Individualisierung tanzen können, den Tanz des Erwachens zum Mitschöpfertum. Sie tun es, indem sie ihre Göttlichkeit einander spiegeln und indem sie die Schöpfungsenergie zwischen sich erzeugen.

Als Bühne für den Tanz kam dann die Erde hinzu – was für eine physische Stütze mit ihrer ganzen Komplexität des Lebens! Ihr Lieben, als ich die Erde erträumte, tat ich es mit so viel Freude! Es war die Freude zu wissen, dass ihr, meine Kinder, hier wachsen würdet. Hier groß werden würdet. Euch hier weiterentwickeln würdet. Was könnte einem Bewusstsein wie dem euren angemessen sein? Nur die erstaunlichste, schönste und vielfältigste Umgebung, die es geben konnte. Ihr gehört zu mir und ich wollte euch nicht nur erfreuen, sondern auch euer wachsendes Bewusstsein stimulieren. Und so träumte ich von Regenbögen, von Schönheit, die Schönheit erzeugte, von Leben in der größten Vielfalt, die ein System beinhalten konnte. Bestimmt habt ihr die unglaubliche Fülle an Leben auf dieser Erde wahrgenommen und euch gewundert, wie immens sie ist. Von den Bakterien bis hin zu den

Schmetterlingen war alles miteinander verwoben in einer herrlichen Verbundenheit, in gegenseitigem Geben und Nehmen und einer Vielseitigkeit, die nirgendwo sonst erreicht wird. Alles wurde erschaffen, um euch zu stimulieren, zu erleuchten und zu unterstützen. Alles. Folglich beeinflusst ihr alles. Ihr, meine Kinder, wurdet in einem Garten von solcher Komplexität abgesetzt, dass ihr sie immer noch nicht ganz versteht. Und alles ist mit eurem Lernen verbunden, ist hier, um euch zu unterstützen. Es ist hier, um euch Unterstützung für eure wachsenden Fähigkeiten zu geben, es ist hier als Ausdruck für eure Energie und für eure Einstellungen und als meine Unterstützung für euch. Es gibt viele Dinge, die hierüber gesagt werden können und ihr könnt spüren, wie einige davon aus dem jetzigen Moment hervorgehen. Konzentriert euch für heute hierauf.

Hier ist die Liebe, in der Materie – das Eine, welches Zwei ist, das Positive und das Negative, die zusammen das Wesen der Liebe in der Materie ausdrücken. Das sind die Seelengefährten. Um sie herum gibt es eine Welt von unübertroffener Schönheit, die auf jedes ihrer Bedürfnisse eingeht; die ihnen meine Liebe widerspiegelt und die ihrem sich ausdehnenden Bewusstsein eine Form verleiht. Jeder einzelne Teil in diesem ganzen Bild steht in Kommunikation mit den anderen. Das ist die Ganzheit der Welt.

Wenn ihr dann das Gesicht eures Geliebten seht, wenn ihr in die Augen eures Seelengefährten blickt, werdet ihr euch an all das erinnern. Ihr werdet euch erinnern, dass alles euch unterstützt. Und alles ist bewusst. Wenn ihr die Liebe der Seelengefährten findet, werdet ihr auch den

Schlüssel zur Kommunikation mit allem Leben der Welt finden. Ihr werdet zusammen die „Herzensverbindung" bilden, die es euch ermöglichen wird die wahre Sprache der Liebe zu sprechen, zu sehen, zu hören und zu verstehen. Plötzlich wird alles nicht nur „lebendig werden" – alles wird mit euch kommunizieren.

Und so soll es sein! *Die menschliche Vereinigung ist das Zentrum einer fühlenden und unterstützenden Welt.* Jedes Gesicht, jede Gestalt auf dieser Erde lehrt und unterstützt euch. Nicht nur symbolisch. In der wahren Zeit, in der wahren Kommunikation – durch die Sprache des Herzens.

Indem ihr zuerst die Beziehung mit eurem Seelengefährten zurückfordert, wird sich alles Andere für euch öffnen, denn die wahre Liebe wird euch in das Reich des Herzens bringen und dort werdet ihr dann auch alles Andere wissen. Ich sage euch das, um zu erklären, *warum die Beziehung der Seelengefährten die höchste Priorität sein muss. Durch sie funktioniert alles Andere. Sie lehrt euch die Sprache des Herzens.* Sie öffnet euch dafür, die Abbildung eurer Göttlichkeit zu sehen und dies einander widerzuspiegeln. Sie macht euch mit dem Verständnis des *Gebens* im wahren Leben vertraut, welches die mächtigste Kraft ist, welche die Welt bewegt. In der Seelengefährten-Beziehung liegt die wirkliche kreative Macht der Menschheit.

Innerhalb des Kreises der Liebe, als den man eine Zelle meines Herzens bezeichnen kann, nahm die Basis der Schöpfung Form an. Aus einer

Zelle wurden zwei – zwei entgegengesetzte Pole und doch vollständig verbunden. Jede sexuelle Vereinigung, jegliche Art von vorkommender Zeugung spiegelt diese ursprüngliche Schöpfung wider – eure Geburt aus meinem Herzen heraus in die Individualität hinein. Diese beiden „Ladungen", die sich zusammen bewegen und sich gegenseitig „entzünden, kreieren die Schöpfungsenergie, aus der ihr, meine Kinder, eure eigenen Kreationen bildet.

Wie oben, so unten. Diese ursprüngliche Schöpfung spiegelt sich milliardenweise in Milliarden von Welten wider, aber die ursprüngliche Geburt seid ihr. Meine menschlichen Kinder. Und alles Andere, das um euch herum erschaffen wurde, kam in die Manifestation um euch zu unterstützen. Aufgrund eurer Natur als meine Mitschöpfer seid ihr und ich (alles was ist, war und jemals sein wird) die Urheber. Neue Kreationen kommen von uns (oder werden kommen, wenn ihr die Reife erreicht). Alles Andere ist der Ausdruck meiner Freude! Meiner Freude daran, euch zu gebären!

Anstatt also zu versuchen, die Menschen davon zu überzeugen die Welt zu retten, anstatt zu versuchen, Mitgefühl zu lehren, die Menschen irgendwie in Bereiche jenseits des Egos zu zerren – anstatt irgendeines derartigen Ansatzes, müssen die Menschen zuerst lernen, wer sie sind. Sie sind Liebe und diese Liebe wird für sie in ihrem Seelengefährten ausgedrückt und gespiegelt. Der Seelengefährte hält den Schlüssel zum Verständnis der Liebe in der Hand, weil er/sie euch die Liebe in euch selbst zeigen kann, wo ihr sie nicht gesehen habt.

Die wahre Liebe öffnet das Herz so wie nichts Anderes es tun kann. Die wahre Liebe überwindet alle Barrieren, denn jedes menschliche Herz besitzt Sehnsucht nach der Liebe. Es ist nicht wie mit der Religion, wo Wortbedeutungen und Interpretationen die Wahrheit vollkommen ausschließen können. Wahre Liebe ist eine universelle Sprache. In der wahren Liebe wird die innere Unruhe letztendlich gestillt. Die menschliche Sehnsucht wird befriedigt. Nichts Anderes wird das tun. Nichts Anderes, ihr Lieben.

Bis zu dem Punkt, an dem Seelengefährte zu sein / ihn zu finden als wichtigstes Ziel und als einzig wahre spirituelle Reise erkannt wird, bis die wahre Liebe gefunden ist, wird die Menschheit nicht genügend Aufmerksamkeit aufbringen, um ihre Ziele zu erreichen und die Realität zu transformieren. Das kann ich euch versprechen, denn ich habe die Sehnsucht erschaffen. Bis die Menschen diese Sehnsucht verstehen, werden sie ihr ohne Erfolg immer weiter folgen, aber nicht begreifen, dass es eine innere Reise ist. Sie werden endlos lange außerhalb ihrer selbst suchen. Bis die wahre Liebe als wertvolles Ziel anerkannt wird, bleibt das Herz verborgen und der Mensch bleibt verwirrt, weil die Sehnsucht des Herzens nicht nachlässt. Der Traum wird nicht verschwinden. Und solange er vom Ego untergraben wird, durch dessen eigene Botschaften: „Liebe ist gefährlich!" „Halt dich fern!" oder durch gesellschaftliche Botschaften: „Heiraten ist eine gesellschaftliche Pflicht" oder „Heiraten ist zum Scheitern verurteilt", werden die Menschen in sich gespalten sein. Ihr Wesen kann nicht als Ganzes in die gleiche Richtung gehen, weil das Herz niemals sein Verlangen aufgeben wird.

Ja! Die Menschen können direkt zu mir kommen! Sie können Erfahrungen der Wahrheit, der Ekstase und des Erwachens machen. Aber sie werden die Liebe dennoch nicht verkörpern, bevor sie nicht mit der anderen Hälfte des Ganzen wiedervereint sind. Ja, diese Botschaft mag auf Zynismus stoßen, sogar auf Zorn (dessen wahre Quelle darin liegt, dass sie gezwungen wurden ihren Traum aufzugeben), aber am Ende wird der Beweis in der sich entfaltenden Wahrheit der Liebe liegen, in der erwachenden Freude und der Mitschöpfung, die von denjenigen erfahren wird, die sich auf die wahre Liebe konzentrieren.

Dies ist mehr als ein spiritueller Weg. Es ist die Wahrheit der Schöpfung. Wenn ihr mir nicht glaubt, dann fragt euer Herz. Ernsthaft. Und hört auf die Antwort eures Herzens, nicht auf die eures Egos. Ihr werdet wissen. Ihr werdet euch erinnern. *Ihr erinnert euch an diese Liebe so sicher, wie ihr eure eigene Existenz kennt. Ihr erinnert euch an diese Liebe, an euren Seelengefährten, so wie sich ein Zwilling an die gemeinsame Erfahrung mit einem anderen Wesen im Mutterleib erinnert. Eine Erinnerung von unglaublicher Nähe.* Eine Erinnerung daran, niemals allein zu sein. An zwei schlagende Herzen in einem Mutterleib, zwei Wesen als eine Wirklichkeit. Ich verspreche euch, dass es wahr ist. Jeder Teil eurer Realität wird es bestätigen.

Und dann, wenn diese Verbindung geknüpft ist und wächst, werden die Paare die Liebe überall um sie herum sehen, hören und kennen. Tiere, die Natur, jeder Teil der Schöpfung werden eine lebendige Unter-stützung sein. Die Öffnung des Herzens für die Liebe ist die Öffnung des

Bewusstseins des Ganzen. Dann blüht und wächst das Bewusstsein und das bringt die Erfahrung der neuen Welt des Herzens mit sich. Der wahren Welt. In der Leichtigkeit entdeckt wird, ganz natürlich. Darum rufe ich euch zuerst zur Liebe auf. Alles Andere wird sich dann auf leichte Weise vor euch öffnen. Mehr als nur „Verwalter" der Welt um euch herum zu sein, seid ihr das Zentrum, der Brennpunkt des Ganzen. In dem Moment, in dem euer Bewusstsein umschaltet und das Herz euer Kommunikationsmedium ist, wird alles Andere in Sicht kommen.

Manchmal komme ich auf das Bild von Adam und Eva im Garten Eden zurück, denn, wenn ihr diese Geschichte auf der Ebene versteht, auf der sie geschrieben wurde, dann ist sie die Schöpfungsgeschichte. Nicht „Eva wurde aus Adams Rippe erschaffen", sondern die beiden zu Anbeginn, umgeben von der vollkommenen Unterstützung der Natur. Es war für alles gesorgt. Alles hat mit ihnen gesprochen. Die Schlange, die „Kundalini", die Lebenskraft im Inneren. Der Baum des Lebens – die Reise der Menschheit – die Reise in die Individualität und das Mitschöpfertum. Außerhalb des Garten Edens befindet sich die Welt der Zeit. Niemals „Herrschaft", sondern Verbundenheit und Verantwortung, denn ihr seid verantwortlich für dieses, euer Zuhause, das euch in Freude gegeben wurde, das von eurem Bewusstsein beeinflusst wird und euch immer auf der Reise unterstützt, indem es euch eure Energie widerspiegelt. Sobald ihr euch erinnert, wird alles zur Harmonie zurückkehren. Und der Pfad des Erinnerns ist die Liebe – persönlich, verkörpert. Der Schlüssel zu eurem Herzen. So mache ich den Pfad nach Hause für euch zugänglich. Gebe euch den Schlüssel zum Erwachen. Einen Schlüssel, der immer noch universell anerkannt ist. ***Sagt „ja" zur***

Liebe! Sagt „ja" zur Anwesenheit eures Seelengefährten. Sagt „ja" zur Liebe als eurer höchsten Priorität. Wahre Liebe. Tiefe Liebe, die Herzen öffnet. Liebe, welche die Welt verändert.

Lasst sie eure Welt aufwirbeln oder euch sanft unterrichten, aber was auch immer ihr tut, öffnet euch für sie und euer Seelengefährte wird sich manifestieren. Dann müsst ihr den Schlüssel benutzen, den er/sie in der Hand hält, um euer Herz zu öffnen und so die Welt aufzurichten. Indem ihr eure Herzen erhebt, werdet ihr die wahre Welt erkennen – die Welt, die eure Liebe reflektiert, die Welt so wie sie geschaffen wurde. Diese Welt ist hier, genauso wie euer Seelengefährte darauf wartet, dass ihr fähig seid sie zu sehen. Ich werde euch mit jedem Schritt helfen, und sie ist nicht weit entfernt. Die wahre Welt, die Verkörperung der Liebe, die Widerspiegelung eurer Liebe in der Materie ist genau hier. Ihr müsst nur daran glauben und euer Herz öffnen.

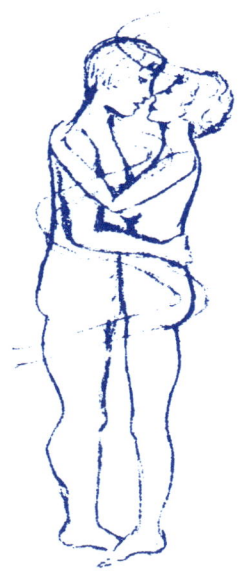

Erkundet immer wieder die Liebe.
Erkundet immer wieder die Rückkehr in euer
Herz. Wenn ihr dann beginnt die Liebe
in euch zu nähren, werdet ihr erkennen,
dass sie mit dem verbunden ist,
das scheinbar außerhalb von euch existiert.

So werdet ihr entdecken,
dass alles was ist ein „Hologramm" ist,
und dass alles überall gegenwärtig ist.
Die Liebe, die ihr in eurem eigenen Herzen
entwickelt, wird zu der Liebe, die ihr
in der ganzen Schöpfung nährt.
So werde ich genährt und geliebt
und wachse, und die Schöpfung
wird immer weiter ausgedehnt.

Durch unseren Seelengefährten können wir Gott erfahren, ohne unsere Individualität zu verlieren

In jedem Moment eines jeden Tages halte ich euch in meiner Liebe. Diese Liebe ist tiefer als alles, was ihr mit eurem Verstand berühren könnt. Sie ist tiefgründiger als alles, was ihr euch in euren höchsten Träumen vorstellen könnt. Liebe ist Bewegung. Sie ist lebendig auf die großartigste Weise. Sie ist Schönheit, die sich in allem entfaltet, vom Universum bis hin zu den Atomen.

Ich bin diese Liebe, und ihr lebt und wachst und seid mit eurem Wesen in ihr. Sie ist endlos. Wie könnt ihr diese Liebe dann kennen? Ihr könnt es, weil sie persönlich ist. Alles ist bewusst. Alles in mir ist in seiner Entfaltung bewusst, lebendig und wach. In der Tat ist alles in mir, außer euch selbst, sich immer und ewig und vollkommen meiner bewusst. Wie kann das sein, fragt ihr, dass ihr die Krone der Schöpfung, die Manifestation meiner Liebe seid? Es ist so, weil nur ihr die Fähigkeit habt euch abzuwenden. Nur ihr habt einen freien Willen. Nur ihr könnt, mir gleich, Schöpfer von all dem sein, was neu und einzigartig ist. Ich bin persönlich. Die Fülle meines Wesens ist in allem gegenwärtig. Und doch brauche ich die Spiegelung eures Bewusstseins, um den „Abstand" zu gewinnen, der es mir ermöglicht, mich selbst auf neue und verschiedene Weisen zu sehen. Und ich will die Freude an der Überraschung spüren, wenn ich euch Dinge erschaffen sehe – das Entzücken über etwas Neues, das ich mir nicht vorgestellt hatte. Wenn es das ist, was ihr für mich bedeutet – der Spiegel, in dem ich mich sehen kann, wenn ihr tanzt – wie ist es dann für euch möglich zu sehen? Wie bekommt ihr die

Spiegelung, die ihr braucht, um euch selbst in der Liebe zu verstehen? Um die Liebe zu berühren, die Liebe zu erfahren? Wie ich euch schon gesagt habe, ist jeder Teil der Schöpfung persönlich ausgedrückte, verkörperte Liebe – auf absolut jeder Ebene. Ihr kennt die Antwort auf diese Frage in eurem Herzen. Ihr wisst, dass es eine andere Person gibt, die euch dieses Bewusstsein bringt und euch erfüllt. Diese Person nennt ihr euren Seelengefährten. Doch was bedeutet dies für euch in der sich entfaltenden Herrlichkeit der Liebe, hier und jetzt, in dieser Zeit der Veränderungen in der Welt?

Lasst euch jetzt von eurem Verstand in euer Herz fallen und lasst mich von Liebe zu euch sprechen. Nur im Herzen könnt ihr dies hören. Ihr seid ein Wesen, das aus zwei Teilen besteht, um den Einen zu kennen. Es ist wahr, dass, wenn ihr direkt zu mir kommt, ihr von dieser Liebe absorbiert werdet. Es wird Ekstase sein. Ihr werdet zu Hause sein, aber zu Hause auf eine Weise, die euch von eurer einzigartigen Fähigkeit, von eurer Perspektive und von eurem Willen trennt. Wenn ihr mit einem vollkommen offenen Herzen direkt zu mir kämt, würdet ihr aufhören zu existieren. Ihr könntet kein Individuum bleiben, weil ihr mich zu tief kennen würdet. Ihr würdet erkennen, dass das, was ihr seid, auch das ist, was ich bin – bis zu dem Punkt, an dem ihr in Glückseligkeit wieder mit der Einheit von allem was ich bin verschmelzen würdet.

Das ist nicht der Grund, warum ich euch erschaffen habe. Ihr wurdet aus meinem Wunsch heraus geboren, mich selbst auf neue Weisen zu kennen. Ihr wurdet aus der Sehnsucht nach Gesellschaft in mir geboren!

Es ist wahr. In der ganzen Schöpfung sind alle Dinge in mir. Es gab nichts, auf das ich blicken konnte, das irgendeinen Abstand hatte. Nichts konnte mir mein Selbst zeigen. Es war, als ob ihr versuchen würdet, euch selbst zu kennen, indem ihr eine Zelle in eurer Niere oder eines eurer Blutkörperchen beobachtet. Ihr seid also aus meinem Wunsch hervorgegangen meine Erfahrung zu vertiefen und Nachkommen zu zeugen – wie aufregend! Wie alle Eltern wissen, wurdet ihr aus dem Funken meiner Sehnsucht geboren, der den Schöpfungsprozess in meinem Herzen entzündet hat. Dieser Schöpfungsprozess ist ein Prozess, in dem zwischen zwei Kräften ein Funke entsteht, aus dem neues Leben hervorgeht. Diese beiden Kräfte des Lebens, der Liebe – das seid ihr und euer Seelengefährte oder eure Zwillingsflamme.

Jetzt seid ihr souverän hier auf dem Planeten der Wiedergeburt und erwartet eure Aufnahme in alles was íst als Individuen. Wie könnt ihr wissen, wer ihr wirklich seid, jetzt, da es Zeit ist? Wie könnt ihr euer wahres Wesen und eure Beziehung mit mir verstehen, wenn ihr mich nicht im tiefsten Sinne direkt kennen könnt? Wie könnt ihr eure wertvolle Individualität beibehalten – die Individualität, die der Grund für diese ganze Erdenzeit-Erfahrung gewesen ist? Die Antwort lautet: Indem ihr in das Herz eurer Zwillingsflamme schaut. So habe ich euch erschaffen und gleichzeitig einen Weg, wie ihr mich garantiert verstehen könnt und euch als mein Kind erfahren könnt – durch die Widerspiegelung eures wahren Herzens in der Erfahrung eurer wahren Liebe. „Ja, sicherlich", sagt ihr. „Richtig. Wahre Liebe. Wer glaubt denn überhaupt noch daran?" Was ich euch dazu sage, ist, dass alles sich verändert. Eure Vorstellungskraft beseitigt all die „Schutzschilder", die aufgestellt waren, um euch während eures Wachstums zu schützen und euch in dem Prozess hin zum Individuum zu unterstützen. Sie verschwinden jetzt alle. Im Lichte des Neuen wird eure wahre Liebe da sein. Ich will nicht, dass ihr wartet. Glaubt nicht, dies sei ein Märchen. Bittet stattdessen euer eigenes Herz es zu bezeugen. Habt ihr dies nicht immer gewusst? Ihr habt. An zwei wirklich wichtige Dinge müsst ihr euch erinnern. Das Herz sieht alles vollkommen anders als der Verstand oder das Ego. Und der schnellste Weg, den Sprung in das Neue zu schaffen, besteht in der Erfahrung, das miteinander geteilte Herz und somit auch eure höchst vertraute Beziehung mit mir zurückzufordern. Erinnert euch, dass dies der Weg ist, wie ihr mich wirklich erkennen könnt!

Einige von euch sind in der Lage gewesen genügend mit dem Herzen zu sehen, um ihre Bestimmung zu kennen und ihre Zwillingsflamme zu erkennen, wenn sie in verkörperter Form vor ihnen steht, aber es sind nur wenige. Weil diese Erfahrung der direkteste Weg eurer Rückkehr nach Hause ist, der Rückkehr an euren Platz als Mitschöpfer – als Individuen und doch ganz in meinem Herzen – bitte ich euch, dies eine Priorität sein zu lassen. Was ist mit denen, die alleine glücklich sind? Was ist mit denen, die suchen und suchen und jenes Wesen nicht finden können? Was ist, wenn ihr mit jemandem zusammen seid, aber euch nicht vorstellen könnt, dass es diese Person ist? Was, wenn ..., was, wenn ..., was, wenn ...? *Hört zu! Euer Seelengefährte ist immer bei euch.* Immer! Ihr könnt nicht getrennt sein. Ihr seid zwei Hälften, die zusammen weitaus mehr als ein ganzes Wesen erschaffen! Wie kann ich euch das erklären? Wenn ihr zusammen seid, entstehen Universen wie im Flug. Sterne werden geboren. Die Liebe nimmt Form an durch euren gemeinsamen Wunsch. Oh, ihr Lieben, ihr habt noch keine Vorstellung, weil ihr wie „weggeschlossen" wart in einer Dimension (ja, es ist wirklich nur eine), und ihr könnt euch selbst noch nicht sehen.

Ihr habt immer gehört: „Wenn der Schüler bereit ist, erscheint der Lehrer." Und genauso gilt: **Wenn euer Herz bereit ist, erscheint euer Seelengefährte.** Nicht, weil er nicht da gewesen ist! Sondern, weil ihr nicht fähig wart, ihn zu erkennen. In dem Moment, in dem ihr mit eurem Herzen „lesen" könnt, werdet ihr ihn erkennen. Ich sage euch, dass, wenn ihr erst in der Lage seid, ihn zu sehen und eine bewusste Vereinbarung auf dieser dichten und schwierigen „physischen" Ebene zu treffen – in diesem Moment wird sich euer Universum verändern. Und in diesem Moment, wenn ihr euch verpflichtet als Seelengefährten im Herzen und aus dem Herzen heraus zu leben und euch entscheidet über das Ego hinauszugehen – in diesem Moment kommt ihr in wahren Kontakt mit mir. Nicht nur auf der Ebene der Informationen. Nein, ihr beginnt in mir zu leben und alles in eurem Leben wird sich ändern. Dinge, die euch mein Wesen und meine Wahrheit offenbaren, werden euch „zufliegen" und werden euch, durch eure Fähigkeit in die Augen und das Herz des Anderen zu schauen, die Erfahrung meiner Liebe bringen. Ihr werdet beginnen die wahre Liebe zu erfahren.

Wahre Liebe liegt jenseits der Zeit. Wahre Liebe existiert in der Wirklichkeit meines Herzens. Sie ist absolut nie einengend. Oh nein, sie ist stattdessen für euch als Mitschöpfer ein Tor zur größten, weitesten, zur endlosen Erfahrung meiner Liebe. Ja, ihr könnt getrennt Dinge kreieren (ohne von dem Anderen zu wissen – denn er ist da, ob ihr es wisst oder nicht), aber ich sage euch Folgendes: Wenn ihr erst einmal bewusst mit eurem Seelengefährten vereint seid, dann seid ihr bereit für eine wahre Mitschöpfung – in dem Moment, in dem eure Herzen beteiligt sind. Formen kommen und gehen. Je näher ihr eurem Seelengefährten seid, umso vertrauter ist eure Beziehung mit mir und umso weniger „physisch" ist eure Welt. Sie wird zu den tanzenden „Lichtmolekülen" werden, die sie in Wirklichkeit ist und eure mitschöpferische Liebe wird mit Leichtigkeit gemeinsam mit ihr Dinge erschaffen.

Wenn ihr mit jemandem zusammen seid, schaut mit eurem Herzen und ihr werdet euren Seelengefährten in dieser Person erkennen! Wie kann das sein, werdet ihr vielleicht fragen und dann all die Dinge auflisten, die „nicht stimmen". Ich sage euch wie. Euer Herz ist bereit, wenn ihr euch dessen bewusst seid. Ihr hättet niemand Anderen zu euch hingezogen. Ihr habt einfach nur mit den falschen Augen geschaut. Wenn ihr euren Seelengefährten erkennen könnt, wird er beginnen euch zu sehen. Ihr werdet feststellen, dass ihr mit der Person zusammen seid, mit der ihr in der neuen Welt zusammen sein sollt. Mit eurem Seelengefährten zusammen zu sein, ist eine Entscheidung; die Entscheidung das einzige „Sehorgan" zu benutzen, mit dem ihr euren Seelengefährten erkennen könnt – euer Herz. Immer, wenn ihr in euer Ego zurückfallt, werdet ihr nicht erkennen, was Liebe sein kann. Ihr werdet eure gesegnete Verbindung mit der wahren Erfahrung verlieren, die ihr mit mir und euch selbst als Mitschöpfer macht. Genauso oft, wie ihr euch erinnert, werdet ihr feststellen, dass euer Herz, euer Verstand und euer Wesen von

Freude erfüllt ist, von der Sicherheit meiner tiefen und persönlichen Liebe und davon, dass ihr euch selbst als wach und lebendig innerhalb der ganzen Schöpfung erfahrt, in der ihr Mitschöpfer seid von allem was ist. Oh ja, es gibt ein Geheimnis hier! Ein Geheimnis, wie ihr ganz plötzlich eure Liebe, euren Gefährten erkennen könnt, obwohl ihr es nur einen Augenblick zuvor nicht konntet. Ein Geheimnis, wie ihr plötzlich, in dem Moment, in dem ihr in euer Herz geht, vollkommen erfüllt seid, auf wundervolle Weise gesegnet und unendlich verliebt. Ein Geheimnis, welches das tiefste Verlangen eurer Seele berührt und ein Geheimnis, das die Fragen nach der Ewigkeit beantwortet. Dieses „Geheimnis" ist die Wahrheit des Herzens.

In einem anderen Augenblick könntet ihr eurer Liebe direkt gegen-überstehen und eine endlos lange Auflistung von Klagen und Unzulänglichkeiten in eurem Inneren spüren. Ihr könntet mit dem anderen Teil eurer Seele den Liebesakt vollziehen und euch allein fühlen, wenn ihr im Ego seid. Und genau dies passiert Tag für Tag und Leben für Leben. Euer Ego wird euch nie die wahre Liebe erkennen lassen. Niemals. Bitte versteht das. Denn, wenn ihr eure wahre Liebe erkennt, ist der Job des Egos komplett erledigt. Es wird automatisch beginnen schwächer zu werden, bis ihr so tief in eurem Herzen lebt, dass das Ego der Vergangenheit angehört.

Nur, wenn ihr euch in euer Herz begebt, könnt ihr die wahre Liebe sehen. Nur, wenn ihr durch euer Herz seht, könnt ihr eure Wahrheit erkennen – dass diese Liebe euch immer eure höchste Wahrheit widerspiegeln wird, eure Existenz als Mitschöpfer in der Liebe. *Euer*

Seelengefährte ist der Spiegel, den ich euch gegeben habe, damit es euch möglich ist, euch selbst und mich zu erkennen. Euer Seelengefährte ist bei euch, ist immer bei euch gewesen, kann einfach gar nicht ohne euch sein. Euer Seelengefährte hat euch euer ganzes Leben lang gelockt, euch geführt und euch ins Ohr geflüstert. Wenn ihr euren Gefährten nicht seht, geht in euer Herz und wartet. Er oder sie wird schnell erscheinen. Aber denkt daran, wenn ihr in euer Ego zurückgeht, wird er oder sie wieder verschwinden!

Wenn ihr denkt ihr seid allein, dann wird er/sie jetzt, in diesem Moment, während die Menschheit sich auf der Schwelle des Erwachens bewegt, auf euch zugehen. Wenn ihr auf die richtige Weise schaut, werdet ihr zuerst sein / ihr Herz sehen. Dann werdet ihr die Dinge sich formen sehen. Wenn ihr euch im Prozess des Erwachens befindet, während ihr mit jemandem zusammen seid, dann ist es diese Person. Ihr habt sie angezogen. Glaubt mir, in der jetzigen Zeit der Welt geht es um die Ganzheit jedes Wesens und die beiden Hälften sind zueinander hingezogen worden. Ihr erkennt das nicht? Hmm. Schaut ihr mit den falschen Augen? Nur, wenn ihr jemand seid, der geschlafen und sich der Liebe völlig verschlossen hat, hättet ihr jemanden anziehen können, dessen Körper die höhere Schwingung der Anwesenheit eures Seelengefährten nicht aufnehmen kann. Diese Person muss lernen mit ihrem Herzen zu sehen und das Ganze sehr sorgfältig betrachten. Falls es sich dann herausstellt, dass es hier keine Möglichkeit gibt die neue Energie der wahren Liebe aufzunehmen, kann es nötig sein jemand Anderes zu euch hinzuziehen. Noch könnt ihr dies nicht verstehen, aber wenn die Zeit weiter voranschreitet, werde ich euch erklären können, wie absolut perfekt jeder Moment zusammengesetzt ist. Ich werde euch erklären können, wie sich euer Seelengefährte direkt vor euren Augen verkörpern konnte und dabei jemanden, den ihr zu kennen glaubtet (fälschlicherweise) in die wahre Liebe verwandeln konnte, nach der ihr euch immer gesehnt habt (was andeutet, dass er natürlich immer da gewesen ist).

Einige werden fragen, ob es eine Einschränkung sein wird nur einen Gefährten zu haben. Ich sage euch dies: Wenn ihr eure wahre Liebe findet und ihr lernt diese Liebe im Bereich des Herzens zu teilen, wird die gesamte Schöpfung euer Spielplatz sein und die Liebe zwischen euch wird die größtmögliche Liebe sein. Es wird nur ein sich immer weiter ausdehnendes Entdecken und immer tiefer werdende Erfahrungen der Liebe geben. Das Konzept der Einschränkung ist ein Trick des Egos. Also greift danach. Sagt „ja"! Sagt „ja" mit Herz und Seele. Dann kann ich euch die Geheimnisse allen Lebens lehren und euch die Herrlichkeit der Liebe enthüllen. Kommt und greift nach dem Sternenhimmel, der all die Welten trägt; kommt in das Herz Gottes und heißt eure Liebe willkommen.

Nichts hat euch auf diese Schönheit vorbereitet. Nichts von dem, was ihr in eurem Leben auf der Erde erfahren habt, konnte eure Herrlichkeit enthüllen. Alles, was ihr tun müsst, ist das Ego aufzugeben und wenn ihr geht, dann segnet es für die Individualität, die es euch gab. Wenn die Herzen sich verbinden, könnt ihr jenseits der Zeit tanzen, in die Welt der Liebe hinein, die sich durch euch manifestiert. Und dann streckt gemeinsam eure Hände aus und bringt noch andere Menschen mit.

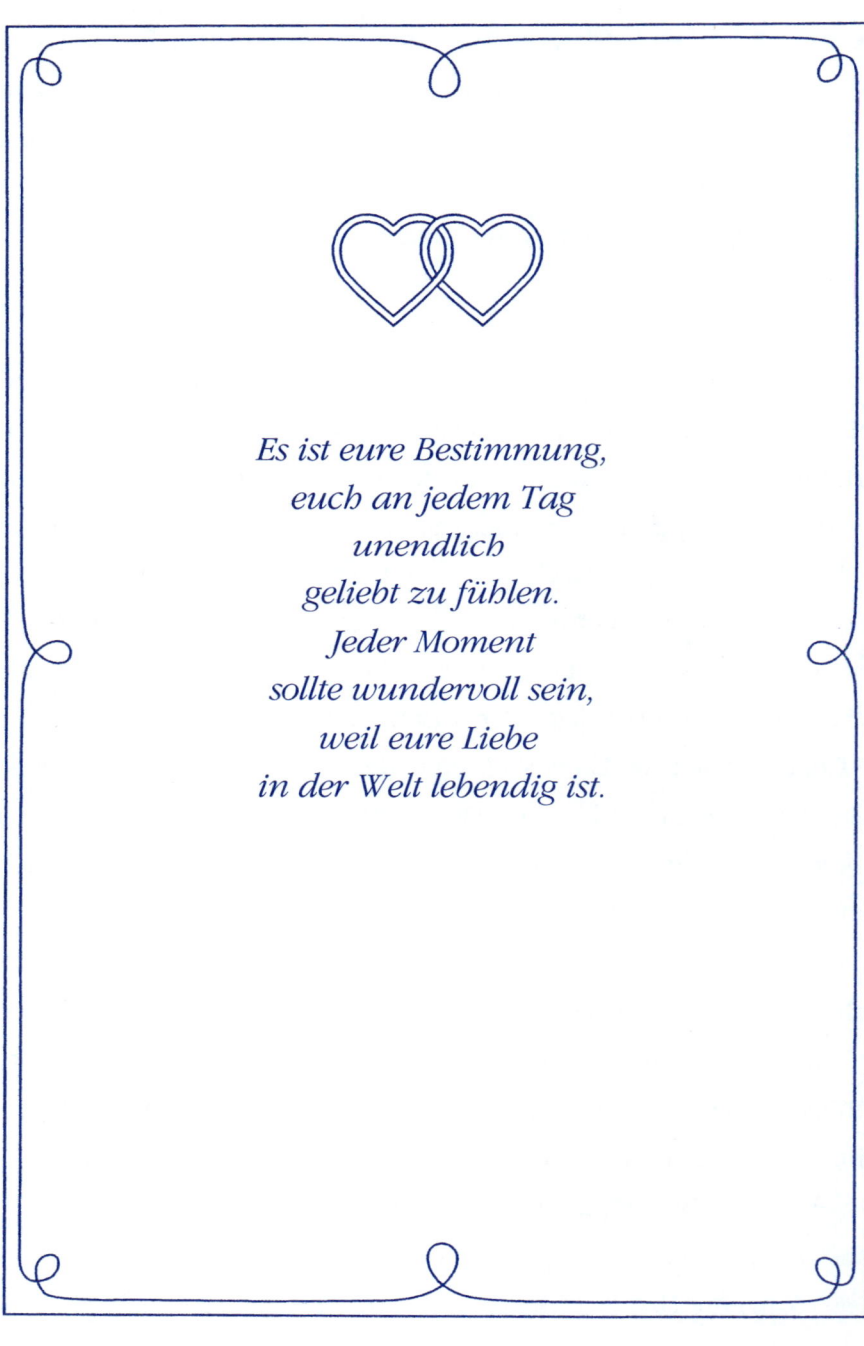

Es ist eure Bestimmung,
euch an jedem Tag
unendlich
geliebt zu fühlen.
Jeder Moment
sollte wundervoll sein,
weil eure Liebe
in der Welt lebendig ist.

Gebt euch vollkommen der Liebe hin

Jeder Moment ist ein Sprung „von den Klippen" hinein in das Unbekannte. Es sind nur eure Bemühungen, Kontinuität zu schaffen, die es anders wirken lassen. Aber durch diese Bemühungen die Welt zu benennen und somit zu „zähmen" – das Leben zu kennen, Sicherheit zu schaffen – begrenzt ihr eure Möglichkeiten. Solange ihr glaubt zu wissen, werdet ihr nicht wirklich wissen. Solange ihr denkt es gäbe Grenzen in eurer Welt, begrenzt ihr eure Erfahrungen.

Und so rufe ich euch auf von den Klippen zu springen, in meine Arme hinein. Meine Arme sind die Arme der Liebe. Meine Wirklichkeit ist die Wirklichkeit der Schöpfung. Ohne Grenzen. Ohne Ende. Magische Augenblicke, die sich ineinander fügen. Schönheit, die sich in Schönheit entfaltet. Ich halte Wunder für euch bereit. Ich biete euch ein Leben an, das von einem Reichtum des Geistes, einer Tiefe der Seele, von einer Freude und einem Bewusstsein erfüllt ist, die jenseits eurer Träume liegen. Aber um all das zu haben, das ich euch geben möchte, ***müsst ihr der Wirklichkeit der Liebe vertrauen.***

Mehr noch als Vertrauen zu haben in die Liebe als Wirklichkeit, müsst ihr der Liebe euer Leben geben. Eine Kampagne für sie starten. Seid bereit euer Leben dafür zu geben – auf jede Weise, denn das Leben, das ihr gebt, ist ein Leben der Begrenzung und des Schmerzes. Das Leben, das ihr gewinnt, wird Ekstase und Freude sein. Zeitlos. Die Wirklichkeit der Liebe besitzt keinen Anfang und kein Ende. Sie ist nicht begrenzt. Sie ist euer wahres Zuhause.

Wie viele von euch vertraut wirklich der Liebe? Sehr, sehr wenige. Vertrauen in die Liebe zu haben bedeutet Vertrauen in mich zu haben, denn ich bin die Liebe. Sie ist alles was ist. Nur in der Liebe könnt ihr jemals eure Wahrheit, euer Erbe und eure Beziehung mit mir zurückgewinnen.

In diesem Augenblick bitte ich euch darum, euch ganz der Liebe hinzugeben. Ich bitte euch nicht, an die Liebe zu „glauben", sondern zu wissen, dass die Liebe eure Wirklichkeit ist. Nicht, sie als eine zukünftige Möglichkeit zu akzeptieren, sondern sie als eure Wahrheit in diesem Moment anzunehmen. Und tut dies in diesem Moment und in jedem weiteren Moment.

Erholt euch in meiner Liebe. Lasst sie euch halten und tragen. Lasst sie euch unterstützen. Berührt die Wahrheit ihrer Zeitlosigkeit. Ruht euch einen Moment hier bei mir aus. Aber dann, wenn ihr euch ausgeruht habt, bitte ich euch die Verantwortung für die Wirklichkeit der tätigen Liebe in eurem Leben zu übernehmen, indem ihr die Verkörperung der Liebe miteinander lebt.

Das, ihr Lieben, bedeutet eure Spiritualität zu leben. Es bedeutet, gemäß euren Worten zu handeln – in der Liebe zu leben und in jedem Moment, jeden Tag in der Liebe zu sein. Und dabei daran zu glauben, dass die Liebe alle Grenzen überwindet. Daran zu glauben, dass, wenn ihr die Liebe wählt, wirkliche Liebe, wahre Liebe, sie euch niemals verletzen kann.

Ich bitte euch darum, genau jetzt die Verkörperung der Liebe in eurem Leben anzunehmen. Ich bitte euch darum, die Wahl zu treffen, wahre Liebe zu leben. *Habt den Mut, euer Herz für denjenigen zu öffnen, der jetzt für euch da ist, und tut es in dem Wissen, dass ihr dadurch euren Seelengefährten zu euch ruft. Das bedeutet, wenn ihr in diesem Moment liebt – voller Lebensfreude, rein, vollkommen und spirituell erfüllt –, dass die Liebe sich dann im nächsten Moment noch vollkommener vor euch verkörpern wird.*

Wenn ihr euer Leben in Angst lebt, wenn ihr euch für die Sicherheit entscheidet, dann sperrt ihr eure Wahrheit aus. Ihr schließt die wahre Liebe aus. Wenn ihr die Sicherheit wählt, indem ihr glaubt die Person vor euch sei nicht euer Seelengefährte oder sie habe die Macht euch zu verletzen, dann wählt ihr das Ego, die Angst und die Begrenzung und euer Seelengefährte kann nicht zu euch kommen.

Ihr wisst bereits, dass es nur zwei Möglichkeiten gibt – Liebe und Angst. Ihr wisst, dass die Liebe die Wahrheit ist und die Angst die Lüge. Aber ihr habt nicht wirklich erkannt, wie ihr die Angst wählt und vorgebt es sei die Liebe, wieder und wieder, täglich, Augenblick für Augenblick. So haltet ihr euer Herz unter Verschluss.

Erst wenn ihr euer Herz öffnet, werdet ihr mich erkennen. Ihr werdet den Schlüssel zur neuen Welt nicht besitzen. Ihr werdet eure spirituelle Transformation nicht zulassen. Ihr könnt diese Transformation nur durch euer Herz erfahren und ihr könnt euer Herz nur durch die Liebe aufschließen.

Selbst ihr, die ihr glaubt zu lieben, die Liebe zu wählen und „ja" zu sagen. Tut ihr es? Wirklich? Wenn ihr es tätet, würdet ihr jeden Moment in der reinsten und tiefsten Freude leben. Ihr würdet mit allem verbunden sein. Vielleicht nicht über die Sprache, aber ihr würdet die Resonanz in eurem Herzen spüren und euch von jedem lebenden Wesen willkommen geheißen fühlen.

Entscheidet euch, die Tür eures Herzens zu öffnen und die Liebe vor euch zu erkennen, unabhängig davon, was euer Ego euch sagt. Hier ist die tiefste Wahrheit. Das Ego erzählt euch Lügen. Es hat eine „Leinwand" vor euch aufgebaut, auf die es ein Bild geworfen hat und überzeugt euch dann, dass dieses Bild real ist. Hört gut zu. Hinter diesem falschen Bild existiert die tatsächliche Realität. Direkt vor euch. Wenn ihr euch weigert dem Ego zu glauben, dann muss es die Leinwand abbauen.

Ihr könntet den Lügen des Egos Glauben schenken. Ihr könntet glauben, dass niemand da ist oder dass euer gegenwärtiger Partner hoffnungslos voller Fehler steckt und direkt hinter diesem Bild existiert euer Seelengefährte. Genau dort. Wahre Realität. Und er wartet darauf, dass ihr hinter der Leinwand nachschaut. Wie macht ihr das? Indem ihr euch ins Herz begebt und das Herz zu eurem „Auge" wird. Und wie macht ihr das? Indem ihr die Tür eures Herzens aufstoßt und der Liebe vertraut.

Wenn ihr das tut, wird die Verkörperung eurer wahren Liebe erscheinen. Wenn ihr „unmöglich" hierzu sagt und beginnt Gründe aufzuzählen, dann müsst ihr wissen, dass das Ego mit seinen Lügen euch im Griff hat.

Wisset auch, dass ich immer hier bin und euch in jedem Moment frage: „Werdet ihr die Liebe wählen?" Wenn ihr „ja" sagt und in euer Herz geht, indem ihr es aufschließt, seine Türen aufstoßt, dann werdet ihr beginnen, den Weg eures Herzens zu gehen, euren Weg zur Transzendenz. Egal, welcher „Film" gerade auf der Leinwand läuft – wenn ihr euch immer wieder für die Liebe entscheidet, echte Liebe, wahre Liebe – dann werdet ihr in jedem Moment, in dem ihr diese Entscheidung trefft, mit der Wirklichkeit Verbindung aufnehmen und sie mehr in Sicht bringen.

Liebe ist die Wahrheit und darum ist Liebe die Wirklichkeit. Sie muss eure höchste Priorität sein. Weil das Herz das Chakra der Schwingungen ist, weil es die Wirklichkeit wahrnimmt, muss es euer Wunsch sein, im Herzen zu leben – eure Fähigkeit zu vervollkommnen die Sprache der Liebe zu sprechen, die Liebe zu sehen, die Liebe zu sein. Ich bin die Liebe. Wenn ihr euch also für die Liebe entscheidet, wählt ihr mich. Wenn ihr die Liebe wählt, wird euch alles Andere „dazugegeben".

Geld ist Energie. Wenn eure Energie sich auf dem Niveau der Liebe bewegt, wird die höchste Form des Überflusses die eure sein. Geld ist eine Möglichkeit dies zu repräsentieren. Es wird euch zufließen. Aber genauso wird es mit der perfekten Übereinstimmung in jeder Situation sein. Türen werden sich öffnen. Dinge werden erscheinen und wenn ihr euch in die Liebe hineinbegebt, werdet ihr jenseits der falschen „Leinwand" der Realität des Egos leben. So könnt ihr in der neuen Welt direkt neben denjenigen leben, die sich noch in der alten Welt befinden. Ihr werdet die gleichen Dinge anschauen, aber ihr werdet etwas völlig

Anderes sehen. Ihr werdet Liebe und Schönheit sehen. Die Anderen werden Angst und Lügen sehen. Die Liebe ist der Eingang zur neuen Welt. Alles drückt sich aus. Alle Energien sind bewusst und alle Energien haben eine Form. Die Form der Liebe ist euer Partner. Ihr habt die Möglichkeit den „Geheimcode zu finden" und die Tür zu öffnen. Der Geheimcode ist euer Herz.

Wenn es so aussieht, dass ich Dinge wiederhole, dann ist es immer so, weil ich es tun muss. Ich will euch diese Wahrheit zeigen, wieder und wieder, bis ihr sie versteht. Ihr wisst nicht, was ihr tatsächlich vor euch habt. Ihr könnt euren Seelengefährten ganz direkt ansehen und ihn oder sie überhaupt nicht wahrnehmen. Euer Ego könnte eine Leinwand aufstellen, auf der steht: „Es ist niemand da. Ich bin ganz allein." Direkt hinter der Leinwand wartet euer Seelengefährte! Solange ihr mit den „Augen" des Egos schaut, werdet ihr die leere Leinwand sehen. Schaut mit dem Herzen und euer Seelengefährte erscheint. Wenn ihr also allein seid, dann fangt an mit eurer wahren Liebe zu kommunizieren. Öffnet euer Herz. Wählt die Liebe. In jedem Augenblick. Lehnt die Angst ab. Je offener euer Herz ist, desto klarer werdet ihr sehen, bis ihr vollkommen bewusst seid.

Denkt daran, dass euer Seelengefährte ein Spiegel für euch ist. Wenn ihr hinseht, werdet ihr erkennen, „wo ihr mit eurer Liebe steht". Wenn ihr Angst habt, werdet ihr mit jemandem zusammen sein, der verschlossen oder ängstlich ist. Wenn ihr euer Herz öffnet, wird der Andere seines öffnen.

Wenn ihr bewusst genug seid, um das hier zu lesen, wenn es zu euch gekommen ist, dann steht euer Seelengefährte vor euch. Wenn ihr euch weigert, es zu glauben, dann müsst ihr euch vielleicht „wachrütteln", indem ihr dafür sorgt, dass etwas in eurem Leben geschieht oder sogar, indem ihr für die Person vor euch „ein anderes Gesicht wählt", aber ich sage euch – er oder sie ist da.

Das Wichtigste, was ich euch zeige, ist die tief greifende Verpflichtung, die eingegangen werden muss, um die Liebe zu erkennen, die Liebe zu leben, die Liebe zu teilen. Die Liebe in Bewegung zu bringen. Wenn ihr bewusster werdet, dann werdet ihr, meine Kinder, erkennen, dass ihr tatsächlich Liebe erzeugt. Wenn eure Herzen offen sind, dann wird mehr Liebe in der Welt zur Verfügung stehen. Das allein wird die Dinge verändern. Wenn ihr euch jedoch erst einmal der Energie der Liebe, ihrer Erschaffung und Bewegung bewusst seid, könnt ihr sie mit eurem Willen steuern. So werdet ihr zu Mitschöpfern in der Liebe. Zu meinen Mitschöpfern. Dann könnt ihr in Liebe und in Leichtigkeit zusammen das Leben eures Herzens manifestieren (nicht das Leben eures Egos, denn die Schwingung des Herzens nimmt das Ego nicht auf). Und indem ihr Anderen zeigt, welche Wahl sie haben, könnt ihr die Tür zur Neuen Welt öffnen.

In der Liebe werdet ihr mich immer erkennen. Das verspreche ich euch. Ich zeige mich euch auf ganz vertraute Weise im Herzen eures Geliebten. Wenn ihr das Herz spüren könnt, dann werdet ihr mich spüren. *Widmet eine Beziehung zuallererst mir und ihr werdet automatisch die Erfahrung der Liebe machen.*

Indem ich euch bitte die Liebe zu wählen, bitte ich euch nicht darum, mir etwas Anderes „voranzustellen", denn ich bin auf der Ebene des Herzens vollkommen gegenwärtig. Wenn ihr euer Herz öffnet, habt ihr Zugang zu mir. Zu meiner zärtlichen Liebe. Zu meiner leidenschaftlichen Freude. Zu meiner Führung in jedem einzelnen Moment. Öffnet euer Herz und ihr werdet mich erkennen. Auf diese Weise, mit eurer Entscheidung in jedem Moment ohne Angst zu lieben, erwerbt ihr die Fähigkeit mich persönlich zu kennen.

Ich bin. Ich bin alles. Ich bin auch vollkommen gegenwärtig in allem. Daher führt euch jede Erfahrung der Liebe zu mir. Jede Erfahrung des Egos baut die gleiche „Leinwand" auf. Sie ändert nicht die Tatsache meiner Anwesenheit, aber sie kann euch glauben lassen, dass ihr mich nicht seht.

Ihr alle, die ihr auf diesem Pfad nach Hause unterwegs seid, wisst, dass ihr täglich wählen könnt. Ihr erhaltet „Botschaften". Dinge werden euch gesandt. Wenn ihr die Ebene der wahren Liebe erreicht, die Ebene des ganzen und offenen Herzens, werdet ihr den vollständigen Dialog hören. Die ganze Schöpfung spricht die Sprache der Liebe. Alles wird dann mit euch „sprechen". Ihr versteht bereits, dass es diejenigen gibt, die „hören" können und diejenigen, die Teile des Dialogs sprechen können. Es gibt diejenigen, die Tiere hören können. Es gibt diejenigen, welche die Geistige Welt sehen können. Wenn ihr die Ebene des Herzens erreicht, wird die gesamte Schöpfung für euch verständlich. Es geschieht in eurem täglichen Leben, dass ihr die Wahl für die Liebe trefft, die euch in den universellen Dialog führen wird.

Auf der Ebene dieser Wahrheit könnt ihr mich fühlen. Ihr wisst, dass die Schöpfung in mir ist. Und jedes Wesen, jedes Atom, jede Welt schwebt, tanzt, lebt und entwickelt sich in mir. Sie alle sind lebendig, aus Liebe geformt und für euch zugänglich, wenn ihr mit eurem Herzen versteht.

Widmet mir eure Leben. Wählt die wahre Liebe. Wählt die Liebe. Wählt die Liebe.

Ich sage euch jetzt,
dass es erforderlich ist,
dass ihr euer Herz,
euren Verstand
und euren Geist öffnet
für den Beweis der Liebe in eurem Leben.
Ich bitte euch zu verstehen,
dass die Liebe direkt vor euch stehen muss,
sobald ihr euch erinnert, wer ihr seid.
Sobald ihr euer geliebtes Gesicht
wieder dem Licht meiner Gegenwart
zuwendet.

Stürzt euch Hals über Kopf in die Liebe hinein

Vertraut der Liebe. Mit eurem ganzen Herzen. Mit eurer ganzen Seele. Denn, wenn ihr der Liebe vertraut, dann vertraut ihr eurem eigenen höchsten Selbst. Wenn ihr der Liebe vertraut, sagt ihr „ja" dazu, alle Geschenke eurer Menschlichkeit zu empfangen und alle Geschenke eurer Göttlichkeit. Alles, was ich geschaffen habe, ist Liebe. Wenn ihr der Liebe vertraut und nur dann, wenn ihr der Liebe vertraut, sagt ihr „ja" zum Leben!

Habt ihr irgendeine Vorstellung, wie viele Menschen nachts um die Liebe weinen, zu mir beten und um Liebe bitten und dann alles in ihrer Macht stehende tun, um sie zu verleugnen? Wie viele Menschen wenden sich ab, wenn die Liebe vor ihnen steht? Und warum wenden sie sich ab? Warum würde jemand die Geschenke Gottes meiden, nach denen sich sein ganzes Wesen sehnt? Aus Angst.

Ihr Lieben, lasst mich euch dies sagen. Wenn es jemals einen Moment gäbe, in dem ihr euch entscheidet – Himmel oder Hölle, gut oder böse, Gott oder der Teufel – dann ist es jener Moment. Es ist der Moment, in dem ihr die Möglichkeit der Liebe seht und euch abwendet. Mit diesem Abwenden verschmäht ihr alle meine Geschenke an euch. Ihr wendet euch von eurer eigenen Bestimmung ab. Ich verspreche euch dies – *alles* beruht auf dem Annehmen der Liebe. Wenn ihr die Angst der Liebe vorzieht, dann wendet ihr euch von allem ab, das von mir kommt.

Seht ihr, wie heimtückisch die Angst sein kann? Die subtile Botschaft der Angst schleicht sich in euren Verstand ein, zusammen mit Botschaften der Selbsterhaltung. Sie lebt in euren Träumen, Seite an Seite mit eurer Sehnsucht nach Wahrheit, nach Freude, nach eurem Seelengefährten und mit eurem Wunsch, allem zu dienen, was gut ist. Und, ihr Lieben, ich sage euch dies: *Es gibt keine Stufen der Angst. Ihr wählt die Angst oder ihr wählt die Liebe.* Es ist an der Zeit, dass ihr das versteht.

Es ist Zeit für eure Herzen zur Ganzheit und Zeit für die Welt zur Liebe zurückzukehren. Ihr hattet die Möglichkeit mit der Trennung zu experimentieren. Jetzt rufe ich euch zurück. Jetzt in dieser Zeit der Rückkehr nach Hause sind es nur die Entscheidungen für die Liebe, die euch dorthin bringen werden. Ich komme jetzt zu euch, nehme eure Hand, rufe euren Namen und gebe eurem Herzen ein Zeichen. Ich flüstere euch zu, dass all eure Träume, all eure Ziele, all eure Visionen hiervon abhängen – von der Entscheidung für die Liebe. In diesen Tagen des Erwachens bitte ich euch darum, sorgfältig jeden Augenblick und das, was ihr wählt, anzuschauen. Es sind so viele von euch, die in der Angst leben, dass nicht einmal ihre wahre Liebe zu ihnen kommen kann.

Warum würdet ihr euch vor der Liebe schützen wollen? Der Glaube, dass es irgendetwas von der Liebe zu befürchten gäbe, ist die Lüge. Zuerst müsst ihr erkennen, dass, solange ihr Angst vor der Liebe habt, ihr die Liebe nicht erfahren habt, denn Liebe und Angst können nicht am gleichen Ort existieren. Bitte denkt darüber nach.

Sehr wenige Menschen haben jemals die Liebe erfahren! Ich werde das wiederholen. **Da Liebe und Angst nicht am gleichen Ort existieren können, haben sehr wenige Menschen jemals wirklich die Liebe erfahren.** Ihr habt nur Angst erfahren. Ihr kennt die Liebe nicht. Stattdessen kennt ihr Botschaften der Angst, die eine Anspielung auf die Liebe enthalten. Diese haltet ihr für die Erfahrung der Liebe. Diese Lüge wird euch bereits in die Wiege gelegt und mit der Muttermilch verabreicht. Sie wird, lange bevor ihr sprechen könnt, von eurer Psyche aufgenommen. „Seid vorsichtig", sagt sie. „Die Liebe wird euch verletzen". „Wir lieben dich", lautet die Botschaft, „daher wollen wir dich beschützen". Anstatt also mutig und mit einem offenen Herzen ins Leben zu gehen, lernt jedes Kind sein Herz zu schützen. Es verschlossen zu halten. Auf diese Weise, ihr Lieben, wird euch beigebracht nicht zu leben.

Nun bin ich gekommen, um eure kostbaren Herzen zu öffnen. Ich bin gekommen, um euch zu sagen, dass es Zeit ist, sich an die Liebe zu erinnern. In der Liebe wurdet ihr erschaffen. Alles, was euch gehören und was ihr erfahren sollt, beruht auf der Liebe. Und es wird alles durch ein offenes Herz erfahren. Und so sage ich euch jetzt, dass ihr Angst und Liebe nicht gleichzeitig wählen könnt. Ich sage euch, gebt mir einen Moment, in dem euer Herz vollkommen ungeschützt ist, und ich werde euch die Liebe zeigen!

In dem Wissen, dass nur die Liebe mehr Liebe anziehen kann, müsst ihr in jedem Augenblick hinsehen, müsst erkennen, was genau ihr wählt. Wenn ihr Liebe wählt, wird die Liebe vor euch erscheinen. Die Liebe

.rd auf euch zustürmen. Gleiche Dinge ziehen sich an. Die Schwingung
.ler Liebe ist die Schwingung einer Welt, die ihr noch kennen lernen
müsst – euer Zuhause. Die Liebe wird sich vor euch in der Materie
manifestieren. Wenn ihr euch für die Liebe öffnet, werdet ihr euren
Seelengefährten sehen. Eure wahre Liebe. Aber selbst wenn ihr dieses
Wesen angezogen habt, kann es doch wieder verschwinden, wenn ihr es
nicht schafft die Liebe zu wählen! Denn in einem Moment seht ihr mit
eurem Herzen und im nächsten Moment habt ihr euer Herz aus Angst
verschlossen und seht mit eurem Verstand, mit eurem Ego. Ihr erzählt
euch selbst die Lüge, dass die Liebe euch verletzen kann und ihr schiebt
eure Liebe weg.

Bis ihr die Entscheidung getroffen habt mit einem ungeschützten Herzen
zu lieben, habt ihr keine Vorstellung davon, was Liebe ist! Bis ihr wisst,
was Liebe ist, könnt ihr keine Liebe zu euch hinziehen. Ihr tanzt also
durch einen Spiegelsaal, der euch nur eure Angst zeigt und dabei
überzeugt ihr euch selbst, es sei die Liebe. Und aufgrund dieser Illusion
entscheidet ihr euch dann, dass die Liebe nichts für euch ist.

In diesen Botschaften bin ich zu euch gekommen, um euch aufzurütteln.
Euch zu wecken. Euch zu sagen, dass die Liebe die erstaunlichste, tiefste,
unglaublichste und wundervollste Erfahrung ist, die ihr je haben werdet.
Sie ist eure Bestimmung. Und sie ist dazu bestimmt persönlich zu sein.
Verkörpert. Direkt vor euch. Euer Herz sagt euch das immer wieder trotz
all eurer Versuche es zum Schweigen zu bringen.

Indem ich euch sage, dass ihr keine Liebe erfahren habt, bitte ich euch, es noch einmal zu versuchen. Zu erkennen, auf welche Weise die Angst euch kontrolliert. Wie ihr immer wieder die Lüge wählt, Tag für Tag, Augenblick für Augenblick. Erkennt, dass all die Dinge, die ihr Liebe genannt habt, verkleidete Ängste gewesen sind. Entriegelt das Schloss. Wählt nichts außer der wahren Liebe.

Ich habe euch bereits gesagt, dass, wenn ihr die Liebe wählt, sich euer Seelengefährte vor euch verkörpern wird. In Wahrheit wird er sichtbar werden. Er ist bereits da. *Was ich euch in diesem Moment sage, ist: STÜRZT EUCH HALS ÜBER KOPF IN DIE LIEBE! Reißt die Türen eures Herzens auf. Erwartet, dass die Liebe euch unterstützt, euch heilt, euch strahlen lässt!* Freut euch an der Liebe. Wählt das Herz. Schaut das an, was ihr vor euch habt, und wählt die Liebe. Wenn ihr es tut, wird euch die Liebe enthüllt werden.

Durch euer offenes Herz spürt ihr plötzlich die volle Kraft, das Licht und die Ausrichtung eurer Seele. Wenn eure Seele ganz nah ist, erscheint euer Seelengefährte. Euer offenes Herz öffnet das Herz eures Partners und es ist euer Seelengefährte, der euch von da an auf der Ebene des Herzens widergespiegelt wird, auf der Ebene von Wahrheit, Wirklichkeit und wahrer Liebe.

Was bedeutet das? *Es bedeutet, dass, wer auch immer vor euch steht, euer Seelengefährte IST, und er spiegelt euch, was ihr zur Zeit über die Liebe glaubt. Euer Partner ist eine Manifestation eures Seelengefährten, so wie er/sie auf dem gegenwärtigen*

Niveau eures Bewusstseins erscheint. Ihr seid immer mit eurem Seelengefährten zusammen, denn euer Seelengefährte spiegelt euch euer Bewusstsein in der Materie. Das mag sehr schwer zu schlucken sein, aber es ist wahr. Die irdische Schule ist die Erfahrung eures Erwachens in der Materie.

Wenn ihr euch öffnet und euer Herz das Herz eures Partners berührt, dann wird sein sich öffnendes Herz eurem Seelengefährten erlauben, sich vollkommener vor euch zu manifestieren. Für den Moment müsst ihr mir hier vertrauen. Was ich euch sage, ist, dass ihr euren Glauben und eure Entscheidungen hinsichtlich der Liebe aus einer neuen Perspektive heraus untersuchen müsst. Ihr müsst sie aus der Perspektive eines wirklich offenen Herzens untersuchen. Aus einem absolut angstfreien Glauben an die Liebe heraus. Ich komme zu euch, um euch zu sagen: WÄHLT DIE LIEBE! Und euch dabei zu helfen, dass ihr erkennt, wenn ihr es nicht tut. In jenen Momenten trefft ihr die Entscheidungen, die den Lauf der Welt bestimmen.

Durch die kreative Matrix der beiden und durch die Entdeckung der in der Seelengefährten-Beziehung lebendigen, wahren Liebe wird sich die Wirklichkeit der Welt sehr leicht verändern. Die Liebe, die erwacht ist, drückt sich nicht nur in der Beziehung aus. Sie verändert die Schwingung der Wirklichkeit dieser Welt. Sich der Liebe zu öffnen ist der erste Schritt, um irgendetwas zu verändern. Das sollte für jeden, der auch nur die Augen öffnet, offensichtlich sein.

Auf dem wahren Weg des Menschen
geht es um die Liebe.
Es geht um Energie
auf der Ebene des Herzens
und darüber,
auf der Ebene der Wahrheit.
Ich verspreche euch hundertprozentig,
dass dies euer Weg nach Hause ist.
Es ist der Weg zu eurem Erwachen
und zur Erhebung der Menschheit.
Das ist der Grund,
warum die Sehnsucht nach Liebe
in euch so stark ist.

Der Weg des Herzens

Sogar jetzt, wo der Großteil der Menschheit kaum am Rande des Erwachens steht – sogar jetzt gibt es Juwelen von unglaublicher Schönheit, die aus dem Grau des Massenbewusstseins heraus emporschnellen, direkt ins Licht hinein. Diese Juwelen fliegen in die Hände der Engel, deren Aufgabe es ist, jeden menschlichen Gedanken, jedes Gebet, jeden Wunsch oder jedes Gefühl zu verstärken, wenn sie auf der Liebe beruhen.

Wenn jene Juwelen der Liebe sich vervielfältigen, wenn ihr euren Halt findet in der neuen Welt, in der neuen Ebene des Herzens, werdet ihr wie Sternschnuppen sein. Ihr werdet mir sehr dankbar sein, wenn ihr lernt zu geben und aus dem Herzen heraus zu leben. Weil jedes menschliche Bewusstsein einzigartig und jedes menschliche Herz göttlich ist, verändert sich alles in der Schöpfung, wenn die beiden zusammenkommen. Wie könnt ihr dann wissen, was ihr Anderen geben sollt? Wie könnt ihr auch nur wissen, was ihr „seht", wenn jedes Bewusstsein anders ist als das eure? Ah, ja, indem ihr mit dem Herzen kommuniziert. Ihr könnt niemals verstehen, wie eine andere Person die Welt sieht. Dies ist seiner Bestimmung nach eine spezielle, einzigartige Sache, ein Teil der Schöpfung, der so heilig ist, dass er nur einem Menschen gehört, der so seinen Beitrag zum Ganzen leistet.

Es gibt also keine Möglichkeit, wie sich zwei Menschen verstehen können, wenn sie den Verstand benutzen. Es ist nicht möglich. Ebenso wenig ist es jemals möglich sich auf der emotionalen Ebene zu verbinden, denn sie gibt zwar der gegenwärtigen Welt eine interessante Struktur, hat ihre Basis aber im Ego. Somit ist diese Ebene kein verlässlicher Indikator für die Wahrheit von irgendjemandem. *Die einzige Möglichkeit für zwei Menschen sich jemals wirklich zu begegnen liegt im Herzen.*

Viele von euch beginnen das jetzt zu verstehen. Zwei Menschen können jahrelang in „verschiedenen Welten" leben. Und in jenen Welten „kommen Männer vom Mars und Frauen kommen von der Venus" und die beiden werden sich nie begegnen. So gesehen sind solche Bücher hilfreich, weil sie zumindest eine gewisse Akzeptanz der „Unterschiede" liefern. Aber, ihr Lieben, diese Unterschiede sind nicht kultureller Art, obwohl sie durch die Kultur beeinflusst sein können. Sie beruhen nicht auf dem Geschlecht, obwohl sie durch Hormone beeinflusst sein können. Sie sind vielmehr das Ergebnis einer einzigen Tatsache. *Unterhalb der Schwingungsebene des Herzens liegt alles im Bereich des Egos, und die Aufgabe des Egos besteht darin, euch zu trennen.* Erinnert euch daran.

Das Ego wird euch immer trennen, denn es wurde von mir entworfen, um das zu tun. Es ist keine negative Sache. Es war eine Notwendigkeit. Aber unabhängig davon, wie viel Akzeptanz ein Paar finden mag, indem es eine „Straßenkarte" des Egos hat, ist es nicht das, was das Herz braucht. Unabhängig davon also, wie viel Akzeptanz es gibt oder wie viele Vereinbarungen ein Paar trifft, werden sie dennoch nicht zufrieden sein. Sie werden nicht glücklich sein, weil sie immer noch allein sind. Und sie sind nicht dazu bestimmt allein zu sein! Bis sie lernen mit dem

Herzen zu lieben, mit dem Herzen zu kommunizieren – bis dahin werden sie immer unglücklich sein. Sie werden sich allein fühlen. Ein Teil von ihnen wird immer noch nach jener namenlosen Sache „suchen", die sie endlich glücklich machen wird. Sie werden nach irgendeinem verschwommenen inneren Frieden und nach Erfüllung suchen.

Der Grund, warum es jetzt so viele Scheidungen gibt, ist nicht, dass die Menschen die Liebe nicht ernst nehmen. (Das überrascht euch, nicht wahr?) Der Grund ist nicht, dass sie nicht den Mut haben da zu bleiben. Wisst ihr, warum viele Ehen jetzt mit der Scheidung enden? Es liegt daran, dass die Signale eurer wahren Natur, die Zeichen der Wahrheit stärker sind als zuvor und daran, dass die Schleier dünner werden. ***Den Menschen ist es bewusster geworden, dass es da mehr geben muss. Ihre Herzen sprechen zu ihnen!*** Aber sie haben die Informationen nicht, die sie brauchen. Also nehmen sie fälschlicherweise an, dass sie das, was ihre Herzen ihnen zeigen, in einer anderen Person finden können. Also versuchen sie es wieder und versuchen es wieder. Sie gehen zur Beratung. Sie lesen die Bücher. Aber sie können die „Kluft" nicht überwinden. Sie können die Verbindung nicht herstellen, auf die ihre Herzen hinweisen. So lassen sie sich wieder scheiden, weil sie glauben, ihre wahre Liebe nicht gefunden zu haben, obwohl sie in Wahrheit nicht gelernt haben die wahre Liebe zu SEIN. Sie haben es nicht gelernt mit dem Herzen zu kommunizieren.

Ihr seid nicht dazu bestimmt allein zu sein. Ihr seid ein Teil von zwei Wesen, die eins sind. Aber ihr könnt dies absolut nicht auf irgendeiner Ebene unterhalb des Herzens erfahren, weil es auf diesen

Ebenen nicht existiert. Die Schwingungsebenen unterhalb derjenigen des Herzens – die ihr als Chakras des Überlebens und des Egos bezeichnen würdet – haben nur Zugang zu der begrenzten Welt eurer „Kindheit", zu dem „sicheren Platz" eurer Entwicklung. (Wenn ihr auf die Resultate des Egos schaut, würdet ihr so etwas der restlichen Schöpfung nicht wünschen, nicht wahr?) Ihr werdet hier sanft gehalten, während ihr wachst. Aber jetzt, wie ihr seht, kommt das Signal an. Die Benachrichtigung ist da. „Erwacht!" sagt sie. „Erwacht und seid Liebe, lebt Liebe, habt den Traum."

Ohne auf irgendeine bewusste Art zu verstehen, was es bedeutet, fühlen die Menschen den Druck und fühlen sich gedrängt nach etwas zu streben, das sie nicht benennen können. Weil dies die Zeit für die Menschheit ist, weil es die Schwelle eures Erwachens ist, **können die Menschen sich nicht mit einem Leben ohne Liebe abfinden.** Aber alles, was sie kennen, ist das Leben ohne Liebe. Sie haben keine Vorstellung, wie sie diese Liebe bekommen können. Weil sie sich nur nach der auf dem Ego basierenden Realität richten können, suchen sie im Außen, um das zu finden, was sie brauchen; sie wechseln verzweifelt die Partner und versuchen die Sehnsucht in ihrem Herzen zu beschwichtigen.

So bringe ich diese Botschaften, um den Menschen Zugang zu ihrem Herzen zu geben. Dann werden sie die Liebe erfahren, die sie nur in ihren Träumen kannten, weil sie endlich verbunden sein werden. Sie werden endlich miteinander da sein. Sie werden ihre Bestimmung kennen. In dem Moment, in dem sie Zugang zu ihrem gemeinsamen

Herzen haben, werden sie in den „Garten" zurückkehren. Sie werden bei mir zu Hause sein! Wenn sie ihre Liebe teilen und vertiefen, werden die Engel helfen. Bald werden ihre Herzen die Führung übernehmen, nicht ihr Ego, und plötzlich werden sie beginnen zu sehen, wie eine neue Welt erscheint. Oh, ihr Lieben, die Menschen müssen das verstehen. *Nichts wird auf lange Sicht für ein Paar funktionieren, außer mir und der Verbindung des Herzens.* Bei der Suche eures ganzen Lebens geht es um diese Verbindung. All die Dinge, für welche die Menschen ihrem Partner „die Schuld geben", alles, was die Menschen glauben verdient zu haben – jedes bisschen davon – ist die Suche nach dieser Liebe gewesen.

Es ist nicht vorgesehen, dass Eltern ihre Kinder auf die Weise lieben, wie die Kinder es sich heute vorstellen. Das ist die Aufgabe ihres Seelengefährten. Sogar die momentane Therapiewelle und auch die ganzen Schuldzuweisungen gegen die Eltern sind der falsch verstandene Aufruf der Seelengefährten-Botschaft. *Die Menschen wissen, dass sie diese Art von Liebe leben sollten – eine Liebe, in der sie endlich wirklich gesehen werden, absolut geliebt werden und in den Augen des Anderen immer in Vollkommenheit wahrgenommen werden.* Erinnert ihr euch, warum ich euch erschaffen habe? So dass ihr mich spiegeln könnt, mir mich selbst auf neue Weisen zeigen könnt – ein anderes gleichwertiges Bewusstsein, das zurückschaut und perfekt widerspiegelt. Das ist euer Seelengefährte für euch! Es gibt zahlreiche Theorien, die sagen, dass das die Aufgabe der Eltern ist. Eine vollkommen positive Haltung. Diese Theorien behaupten, dass ein Baby, das seine Eltern anschaut und diese positive Haltung nicht sieht, in gewisser Weise zusammenschrumpft. Es hat kein Vertrauen. Ich sage euch jetzt, dass es nicht die Aufgabe der Eltern ist. Diesen Zweck erfüllt euer Seelengefährte. Wenn ein Kind wüsste, dass ein solcher Gefährte für es da ist, dann würde es ihm dieses Vertrauen schenken. Es würde diesem Seelengefährten auch erlauben, schnell zu ihm zu kommen. Es würde keine Fehler geben, keine verlorenen Beziehungen der „gebrochenen Herzen". Kinder würden ihr ganzes Leben lang „dieses Signal aussenden", so dass es wie ein Leuchtfeuer den Seelengefährten anziehen würde. Sie würden keine andere verdrehte Beziehung anziehen, die auf dem Glauben basiert, dass „sie eigentlich niemanden brauchen", während ihre Herzen jeden Tag nach wahrer Liebe schreien.

Es ist also nicht die Aufgabe der Eltern ein Kind zu lieben, wie es der Seelengefährte tut. Weil sie es nicht können. *Zwei Menschen, die Seelengefährten sind, teilen sich buchstäblich eine Seele.* Sie sind das Yin und Yang, das Plus und Minus, die ineinander verschlungen eins sind. Niemand sonst kann das einander spiegeln.

So verändert sich das ganze Bild der Wirklichkeit, wenn die Sehnsucht, die jeder Mensch im Herzen trägt, klar anerkannt wird. Die Menschen müssen lernen mit ihrem Herzen zu sehen, um dann fähig zu sein, ihren Gefährten zu sehen. Ihr Lieben, *euer Seelengefährte steht direkt vor euch, aber er existiert in der WAHREN Welt, der Welt der Schwingung des Herzens oder darüber.*

Was können Paare also tun, um ihre Herzen zu erreichen?

Meditation. Sie müssen in ihrem Leben einen Platz für das Zuhören schaffen. Ohne das können wir nicht vorangehen. Sie müssen sich mir öffnen. Ich kann nicht völlig in ihrer Beziehung gegenwärtig sein, wenn sie mich nicht darum bitten. Und wenn sie dann Führung brauchen, müssen sie zuhören, um sie zu erhalten.

Gebet. Eine der wichtigsten Verbindungen, die zwei Menschen herstellen können, ist das gemeinsame Gebet. Der Akt des gemeinsamen Betens ist eine kraftvolle Äußerung – nicht nur mir gegenüber, sondern auch sich selbst und all den liebevollen Wesen gegenüber, die sie umgeben. Erinnert euch, dass ich gesagt habe, dass die ganze übrige Schöpfung euch unterstützt! Jedoch müsst ihr diese Unterstützung zulassen. Als Resultat eures Geschenks des freien Willens müsst ihr auf irgendeiner Ebene eures Wesens um etwas bitten, bevor ihr empfangen könnt. Wenn ihr nicht bittet, sagt ihr praktisch „Hände weg" zu allen, die euch helfen könnten.

Aufwertung des Herzens. Die Erfahrungen des Herzens sollten anerkannt werden und können von einem Paar in einem „Tagebuch der Reise des Erwachens" festgehalten werden. Diejenigen, die bereit sind, sollten an einer heiligen Hochzeit teilnehmen oder an einer Zeremonie der Verpflichtung, die eine Veränderung beschreiben wird, die jede Ebene ihres Wesens berühren wird und auch all diejenigen, die ihnen dabei zur Seite stehen.

Sprache. Sie müssen die Sprache, die sie benutzen, vollständig verändern und sehr vorsichtig sein, besonders hinsichtlich der Worte, mit denen sie über ihre Beziehung sprechen.

Sich für die Freude öffnen. Alles als eine potenzielle Quelle oder Öffnung für die Freude ansehen. Jede Krise, die ein Paar erlebt, ist ein ganz unglaublicher Segen, weil sie bedeutet, dass ihre Herzen zu ihnen vorgedrungen sind. Sie stehen kurz davor sich noch einmal auf eine Weise zu verlieben, wie sie es bisher noch nicht erfahren haben. Sich zu verlieben gleicht einem flüchtigen Blick durch den Schleier in die wahre Realität.

Lernen, zwischen dem Ego und dem Herzen zu unterscheiden. Je tiefer ihre Herzen verbunden sind, desto mehr Unterstützung werden sie haben, um ihre Beziehung in Liebe aufblühen zu lassen.

Sie müssen voller Freude akzeptieren, dass all dies leicht geschieht und bereits vollendet ist, sogar während sie noch die Schritte unternehmen, um es umzusetzen. Nehmt achtsam Abstand davon es schwierig zu gestalten. Das Herz sieht die Zeit als Ewigkeit. Alle Dinge, genau JETZT. Die Ego-Version von der Zeit ist linear. In meinen Händen habt ihr alles. In eurer Liebe könnt ihr mich ganz vertraut erleben. Ihr werdet dahin kommen, meine Geschenke zu verstehen, indem ihr sie gemeinsam lebt. Übt es „im siebten Himmel" zu sein. Wisset, dass ihr gehalten werdet, jeden Moment unterstützt werdet, auch wenn ihr vielleicht nicht „seht", was euch unterstützt. Ich bin bei euch. In eurem Herzen werdet ihr mich sehen. In euren Herzen werdet ihr mich kennen – gemeinsam, so wie es euch bestimmt ist zu sehen, und ihr werdet meine Liebe preisen. Der Kreis der Liebe – eures Zusammenseins als die zwei Wesen, die eins sind – gehört euch und ihr könnt ihn in Anspruch nehmen.

Lasst mich euch zeigen, wie – umgeben vom blühenden
Ausdruck meines Wesens, das die Schöpfung ist – ich
mich danach sehnte, gesehen zu werden, erkannt zu
werden. Beziehungen zu haben. Mich selbst dadurch
zu verstehen, in Beziehung zu sein.
Da die ganze Schöpfung in mir war,
gab es niemanden, dem ich direkt in die Augen sehen
konnte. Niemanden, mit dem ich mich austauschen
konnte, um ein Gefühl für mich selbst zu haben.

Diese Sehnsucht schwang durch die ganze Schöpfung.
Aus dieser Sehnsucht kam es zum Wachstum meines
Herzens und in ihm entstanden individuelle
Zellen, Wesen, die meine Nachkommen waren.
Als diese Schöpfung in den Zellen meines Herzens
geschah, wusste ich, dass jedes meiner geliebten
Kinder das bekommen musste, nach dem ich mich
so sehnte.

Jeder von euch sollte heilige Beziehungen haben.
Göttliche Beziehungen. Beziehungen, die euch
eure Wahrheit widerspiegelten, wenn ihr euch
selbst sehen konntet. Sofort entstand aus diesem
Bewusstsein die Teilung jeder Zelle meines Herzens
in zwei – so dass jeder Teil völlig in Beziehung
mit dem Anderen sein konnte.
Ich konnte in Beziehung mit euch sein!
Somit war in allen Himmeln, den Systemen innerhalb der
Systeme eine Intelligenz, die meiner gleichwertig war.
Eine Intelligenz, die mich wachsen ließ.
In jeder Intelligenz, jeder Zelle meines Herzens,
gab es das gleiche göttliche Geschenk – eine
gleichwertige Intelligenz, aktiv in Beziehung stehend –
in Bewegung, sprühend und sich gegenseitig
Wachstum schenkend. Zwei Wesen in einer Zelle.
Zwillingsfunken aus der Substanz des Lebens.

Die Wahrheit der Liebe im neuen Jahrtausend

Die Struktur der Liebe ist weitaus reicher, die Leidenschaften der Liebe sind weitaus größer, die Wahrheit der Liebe ist weitaus tiefer, als ihr jemals gewusst habt. ***Ich will, dass ihr gelobt sie zu finden, die Liebe zu erfahren, wie ihr sie noch nie erfahren habt, die Liebe zu empfinden, wie ihr sie noch nie empfunden habt, von der Liebe gesegnet zu werden, wie ihr noch nie gesegnet wurdet.*** Das soll eure Suche sein. Das ist der Heilige Gral der neuen Welt. Es ist mein Aufruf an alle Herzen im neuen Jahrtausend. Der Schlüssel für euren Erfolg ist der Glaube. Nicht das Vertrauen. Nicht „unbesehen auf Dinge zu hoffen". Nein.

Der Schlüssel ist die absolute Überzeugung. Es ist ein Glaube an die Liebe, der jede andere Sache in eurem Leben übertrifft. Es ist ein Wunsch nach Liebe, vor dem alles Andere verblasst. Es ist das Voraussetzen von Liebe – das Wissen, dass sie da ist. Es ist das Erwachen mit eurem ersten Atemzug als einem Gebet der Liebe – dass dieser Tag der Tag sein wird, an dem ihr die Liebe wirklich erfahrt. Es ist das Einschlafen in Dankbarkeit für jeden goldenen Moment, in dem die Liebe auf euch schien. Es ist der Geschmack von Liebe auf euren Lippen – nicht nur in dem Kuss eures Geliebten, sondern auch in der Leidenschaft eurer Worte. Jedes Mal, wenn ihr über die Wahrheit der Liebe sprecht, die Macht der Liebe, die Vollkommenheit der Liebe, sind diese Worte, die über eure Lippen kommen, mein Kuss. Jedes Mal, wenn ihr eure Überzeugung teilt, jedes Mal, wenn ihr diese Wahrheit aussprecht, bestätigt ihr meine Wirklichkeit. Wenn ihr das tut, bringt ihr mich in euer Leben.

In einem Augenblick kann die Liebe mehr erreichen als tausende von Gebeten. Die Liebe kann euch heilen. Sie kann euch emporheben. Sie kann die Scheuklappen des Egos von euren Augen nehmen. Sie kann euer Herz befreien und ihm Flügel verleihen. Wenn die Liebe euch ihren Segen schenkt, hervorgebracht durch euren Glauben, dann wird eure Welt sich ändern, euer Leben wird sich ändern und eure Beziehungen werden sich ändern. So wie Regen in der Wüste wird die Liebe, hervorgerufen durch eure Überzeugung, alles um sie herum nähren. Wie die Wüste nach einem Sommerregen, so werden alle Herzen, alle Leben um euch herum plötzlich aufblühen, wenn eure Liebe echt ist. Und ihr müsst keines davon direkt lieben, denn genauso sicher, wie der Regen die Blumen hervorbringt, bringt die Liebe die blühenden Herzen hervor. Es ist ein Gesetz – physisch und spirituell, emotional und mental. Wohin der Segen der Liebe fällt, wird alles blühen, was sie berührt.

Lasst euer Herz also die „Regenwolken" sein, durch welche die Liebe in die ausgetrocknete Welt strömt. Ich verspreche euch hundertprozentig, dass alles blühen wird, was von eurer Liebe berührt wird, sichtbar und unsichtbar. Bewusst oder unbewusst. Ihr müsst diejenigen, die durch eure Liebe gesegnet sein sollen, nicht nennen, obwohl ihr das natürlich tun könnt. Wisst einfach, dass alles in eurer Nähe und jeder und alles, deren Leben das eure je berührt hat, gesegnet sein werden. So wird die Vergangenheit geheilt. Alte Beziehungen werden abgeschlossen. Fehler der Vergangenheit werden berichtigt und alle Beleidigungen vergeben. Zeit existiert in der Liebe nicht. So wird alles, was euch berührt, von eurer Liebe berührt. Vergangenes, gegenwärtiges, zukünftiges Leben auf der physischen Ebene und das geistige Leben. Auf diese Weise wird die Ganzheit der Welt hergestellt.

Es ist nicht schwierig. Aber es wird eine Überzeugungskraft benötigt, von der ihr noch nicht wisst, dass ihr sie habt. Ich rufe euch auf, genau diese Kraft zu finden, denn ich rufe eure Herzen ins Jetzt zurück, so dass der Welt unserer Schöpfung Flügel verliehen werden und das Geschenk eurer Existenz anerkannt werde. Ich verspreche euch, dass es keine größere Ehre gibt, als diejenige Mensch zu sein. Keine. Nirgendwo in all den Himmeln, in all den Milliarden von Möglichkeiten, Welten innerhalb von Welten, Dimensionen innerhalb von Dimensionen – all dem prachtvollen und unglaublichen Leben, dass ich mir vorstellen konnte. In dem Ganzen seid nur ihr meine Kinder. Nur ihr habt ein Erbe der Liebe, welches die Sterne verbinden und die Welten verkörpern kann, welches die Engel berühren und einem Samen der Schöpfung auf jeder Ebene Leben schenken kann.

Wie kann das wahr sein, fragt ihr euch, vor allem, wenn ihr die Welt anschaut. Es ist wahr, weil nur euch die Möglichkeit gegeben ist, mich nicht zu lieben! Nur ihr könnt euch abwenden. Denn selbst durch ein solches Abwenden wachsen wir beide. Ich bin in der Lage die „Tiefen" ebenso wie die Höhen innerhalb meiner Möglichkeiten zu sehen, und ihr erhaltet die süße, zarte, aufregende Erfahrung zu mir zurückzukommen, weil ihr in der Lage seid euch abzuwenden. In dieser neuen Welt werdet ihr in der Lage sein zu sehen. Ihr werdet das Ego abstreifen, euer zeitweiliges Werkzeug, für die Individualisierung. Jetzt könnt ihr euch entscheiden, eure Liebe zu entfalten, euer Herz zu öffnen. Ihr könnt euch endlich entscheiden, eure Bestimmung zu erfüllen. Und alles Andere, alles, was eure Welt ausgemacht hat, wird zu seiner Perfektion zurückfinden, weil sich alles eurem Willen beugt. Alles, was ihr also in dieser Welt seht, ist genau so, weil ihr es so gewählt habt! Sobald ihr eure wahre Identität wählt, geht alles um euch herum zu seiner wahren Identität über, welche eine Widerspiegelung von euch ist. So wie ich die Liebe bin, welche die gesamte Schöpfung belebt, seid ihr die Liebe, die eure Welt belebt. Wenn also eure Liebe rein ist, ist eure Welt rein. Der Ruf geht jetzt hinaus zu eurem Herzen. Kommt nach Hause zur Wahrheit, kommt nach Hause zu eurem wahren Selbst, zu der Liebe, die eure wahre Identität ist. Wenn ihr antwortet, wird sich alles ändern. Alles, was ihr zu wissen glaubt, jede einzige Definition der Welt, jeder Austausch und jede Form von Kommunikation wird sich ändern, denn das Herz wird dann verbunden sein und so kann es keine Täuschung geben.

Es wird einfach sein. Wenn ihr euch für die Liebe entscheidet, wird es plötzlich offensichtlich sein, wo etwas nicht stimmt. Worte der Trennung und des Urteils werden bitter schmecken. Trennung von all dem, was ihr liebt, wird tiefster Schmerz sein. Jede Verunreinigung der Schönheit der Welt wird ein unerträgliches Vergehen sein. Jede Störung der Heiligkeit der natürlichen Welt wird wie ein Aufschrei für euch sein. Euer Herz wird von allem, was unrecht ist, in Aktion gerufen werden, das heißt von allen Dingen, die nicht auf der Liebe beruhen. Wenn der Liebesdialog voranschreitet, werdet ihr von der intensiven Schönheit um euch herum begeistert und überrascht sein. Alles, worauf eure bewusste Wahrnehmung ruht, wird sich vor euren Augen ganz natürlich entfalten und euch sein Herzinnerstes, seine kostbarste Wahrheit enthüllen. Ihr werdet die Ehre dieser Enthüllung verstehen und euch in Ehrfurcht vor der Pracht des sich entfaltenden Lebens verbeugen.

Verschwendet nicht einen Moment! Verschwendet nicht einen Moment, bevor ihr euch zu lieben beschließt. Zögert nicht, bevor ihr „ja" zu meinem Ruf sagt. Denn, obwohl ihr nicht wissen mögt, wohin die Liebe euch führen wird, wisst ihr, dass ihr zu Hause sein werdet. Ihr wisst, dass jede Realität, die keine leidenschaftliche Verpflichtung zur Liebe ist, die sich nicht der Ehre und dem Respekt widmet, die nicht aus der vollkommenen Sicht des Herzens gesehen wird, dass eine solche Realität nicht diejenige ist, in der ihr euch aufhalten möchtet.

Verpflichtet euch! Oh, meine Kinder, ihr seid der lebendige Beweis meines Vertrauens in die Liebe! Denn ich glaube genug an euch, um zu sagen: „Ihr habt die Wahl nicht zu lieben. Ihr könnt es wählen, euch von mir abzuwenden." Jetzt habt ihr genug Informationen, um eure Wahl zu treffen. Ihr habt jetzt sowohl eine Realität der Liebe als auch eine Realität ohne Liebe gesehen. Ohne die Dunkelheit zu kennen, kanntet ihr eure Wahlmöglichkeit nicht. Ohne eure Reise in die Trennung konntet ihr nicht wissen, ob ihr verbunden sein wollt. Ohne die Angst habt ihr keinen Kontrast zur Liebe. Und ohne diese Leben in Zeit und Raum würdet ihr keine Wahrnehmung der Ewigkeit haben. Aber jetzt – jetzt habt ihr euch von mir getrennt und seid weitergereist. Ihr habt euer Ego geschärft und habt euch als Individuen definiert. Ihr habt den Kontrast von Dunkelheit und Licht gesehen und in all dem, aufgrund von all dem, habt ihr eine Reife erlangt. Ihr seid aus meinem Herzen heraus geboren, seid immer noch in meinem Herzschlag, wie die Zellen meines eigenen Wesens und durch eure Reise habt ihr eine so starke Individualität gewonnen, dass wir gemeinsam die Welt kreieren werden, wenn ihr zurückkehrt. In euch kenne ich mich selbst. In euch sehe ich alle meine

Möglichkeiten; Möglichkeiten, die ich mir nicht vorgestellt hatte. In euch werde ich weiter und tiefer. In euch bin ich erstaunt. Ihr Kinder meines Wesens, Teile meines eigenen Herzens, in eurer Liebe und Vorstellung wird die Welt auf andere Weise erschaffen.

Nur in Beziehungen können wir uns selbst sehen und das schließt mich ein! So kann ich mich selbst in meiner Beziehung mit euch erfahren. Und das ist auch für euch wahr. Sowohl in eurer Beziehung mit mir, als auch in eurer Beziehung miteinander wird euch Selbsterkenntnis zuteil. Darum müsst ihr tief lieben, so dass ihr die Wahrheit eurer eigenen Liebe erkennen könnt. Liebt in dem Bewusstsein, dass alles Leben durch euch Bewusstsein gewinnt. Seht in die Augen eures Geliebten, in die Augen der Natur, in die Augen der Engel und jedes Mal werdet ihr euch selbst tiefer erkennen.

Dieses ist eine sich ausdehnende Schöpfung. Sie soll nicht so bleiben, wie sie ist. In der Freude eurer Kreativität wird so die Welt ausgedehnt, das Universum wächst und ich werde größer. In eurer Liebe werden alle Dinge gesegnet und in euch entsteht alles neu.

Es ist Zeit sich zu entscheiden. Entscheidet euch mit mehr Leidenschaft zu lieben, mit mehr Hingabe, mehr Freude und mehr Bewusstsein. Entscheidet euch in jedem Moment von neuem dafür und noch tiefer als in dem Moment zuvor. Wenn ihr das tut, blüht die Schöpfung um euch herum und nährt euch, so dass ihr euch wieder für die Liebe entscheiden könnt.

Die Liebe kann ohne Einladung
nicht hereinkommen.
Da ihr in der Welt der Trennung lebt,
wird jede Leere automatisch gefüllt.
Und ihr versteht noch nicht,
wie aktiv ihr die Wahl treffen müsst,
euer Herz zu füllen.
Nicht nur dann,
wenn ihr euch gerade daran erinnert.
Ihr müsst Möglichkeiten schaffen,
euch aktiv dafür zu entscheiden
euer Herz zu füllen,
bis jede Ebene eures Bewusstseins
diese Wahl kontinuierlich trifft.

Im Überfluss leben

Ich bin hier bei euch, halte euch im Licht und zeige euch die Reichtümer und die Schönheit der wahren Welt – der Welt der Liebe.

Geld ist eine Illusion. Es ist die „Münze des Reiches" im Land des Egos. Wenn ihr euch an mich wendet, um das zu verstehen, will ich euch etwas Anderes zeigen – die neue Währung. Es ist die Währung des Lichtes, welche die Energie von sich bewegender Liebe ist. Sie ist so real im Reich des Herzens wie es das Geld im Reich des Egos ist.

Denkt daran, dass es in der Schöpfung die durch den Willen oder die Vorstellung geführte Liebe ist, die Form annimmt. Die Schöpfung oder das, was ihr als Manifestation bezeichnen würdet, beginnt immer auf der kausalen Ebene, niemals umgekehrt. Die Form oder das Materielle kommt um die kausale Energie herum zusammen, so wie Eisenspäne von einem Magneten angezogen werden.

Da das Geld – die Idee und die Energie – mit zu viel „Gepäck" belastet ist, ist es sehr schwer für euch klar zu sehen. Die ganzen Probleme hinsichtlich des Geldes werden in großem Maße durch den Glauben erschaffen, dass Geld eine spirituelle „Blockade" ist, ein Hindernis auf dem Weg zu eurem Ziel. Die ganze christliche Welt wird von einer Vorstellung belastet, die keine Widerspiegelung der Wahrheit ist – in einer Textpassage wird gesagt, dass es leichter sei, dass ein Kamel durch ein Nadelöhr gehe, als dass ein Reicher in das Reich Gottes gelange. Was bedeutet das? Welchen Sinn hat es? Ich will, dass ihr alles habt. Ihr seid

Kinder des *Schöpfers von allem!* Warum, um Himmels Willen, sollte ich jemals wollen, dass ihr im Mangel lebt?

Nein, ihr Lieben, das ist eine heimtückische Lüge. Ja, ich widerspreche der Bibel und ich werde das viele Male tun. So wie es mit dieser oder mit irgendeiner inspirierten Botschaft ist, kann sie nur so klar sein wie der Überbringer. Glaubt mir, die Bibel wurde vollständig von denjenigen überarbeitet, die das Ego und nicht das Herz dabei im Sinn hatten.

Nun, denjenigen, die noch nicht in der Lage sind, die Energie hinter diesen Worten zu spüren, sei gesagt, dass sie voller Leidenschaft sind. Kraftvoll. Ich will, dass ihr Überfluss habt und Pracht. Ich will, dass ihr eure Hand ausstreckt und dass ihr, bevor sie noch zum Stillstand kommt, bereits das in eurer Hand haltet, was ihr wolltet. Ich will, dass überall um euch herum Geschenke auftauchen, dass ihr auf allen Ebenen genährt und erfüllt seid durch Nahrung für die Seele, den Geist und auch für den Körper. Ich will, dass ihr von Wohlstand umgeben seid und wo auch immer ihr hinseht, findet ihr Unterstützung, Liebe und Erfüllung.

Damit dies geschehen kann, müsst ihr an das glauben, was ich für euch will. Ihr müsst euer Herz finden. Ihr müsst die tiefste Wahrheit eures Herzens anschauen. Nicht euer Ego, sondern euer Herz. Was seht ihr? Ihr seht einen Wunsch, dass jeder vollkommen versorgt sein möge, jedes Kind in die Fülle hinein geboren werde und dass die Armut der Vergangenheit angehören möge. Jetzt will ich euch Folgendes sagen. Wenn ihr eure Sehnsucht millionenfach verstärkt, werdet ihr den äußersten Rand meiner Wünsche für euch berühren. Euer Herz ist ein

Teil von mir, aber im Nebel der Zeit bleibt es euch verborgen. Mein Herz ist die Liebe, die euch erschafft, euch unterstützt, eure Existenz in sich trägt. Es gibt nichts, was ich euch nicht geben würde, das eurem höchsten und größten Wohl dient. Wenn das also wahr ist, warum gibt es dann Armut? Warum gibt es diesen Schrecken des Mangels? Warum gibt es Menschen, die verhungern, während Andere genug Geld haben, um alle zu ernähren? Weil ihr Schöpfer seid, die mit ihrem Ego erschaffen. Dieses Szenario ist eures, ihr Lieben, nicht meines. Ihr könnt über mich schimpfen und sogar behaupten, dass ihr nicht an mich glaubt, weil ich das zulasse. Aber die Wahrheit ist, dass alles, was ihr seht, die Lüge des Egos ist und das Ego kreiert Trennung. Genau dies.

Der Glaube, dass manche Menschen reich sind und Andere nicht, ist das Ergebnis davon, dass ihr „außerhalb des Gartens" aufgewachsen seid. Es ist die Manifestation des Glaubens an die Trennung, wodurch diese Armut verursacht wird. Es ist der Glaube an die Existenz des Mangels, der den Kampf um das Geld verursacht. Es war die Rechtfertigung dieses Szenarios, durch die jene angeblich gottgewollte Verkündigung über das Nadelöhr und das Kamel ins Leben gerufen wurde. Wenn dieser Mangel heilig sein sollte, warum hätte dann Jesus mit einer einzigen Handbewegung Überfluss für alle Anwesenden geschaffen? Weil er wusste, dass er mein Nachkomme ist und dass alle Dinge euch gehören.

Auch ihr könnt durch eine Handbewegung alles erschaffen, was ihr braucht. Ihr könnt Brotlaibe und Fische erschaffen. Ihr könnt auch Geld erschaffen. Ihr könnt auf dem direkten Weg manifestieren oder indirekt, wie ihr es wollt. Ich rufe euch nach Hause, in das Reich eures Herzens und ein weiteres „Stück" dieses Erwachens ist die Anziehung von Liebe. Wenn euer Herz offen ist und ihr gebt, erschafft dieser Energiefluss einen „Wirbel", der Energie von der Herzebene anzieht oder, wie ihr es nennt, von der spirituellen Ebene. Diese Energie, dieses Licht stellt euch zwei Dinge zur Verfügung: Erstens Energie, die ihr in die Form bringen und die ihr in eure Manifestationen leiten könnt und zweitens eine Schwingungsebene, die wie ein Magnet automatisch das Gute anzieht. Sie wird Dinge in euer Leben hineinziehen, die auf dieser Ebene schwingen, auf der Ebene des Herzens.

Wenn ihr zwar gebt, aber aus dem Ego heraus, dann wird dieses Energiezentrum nicht aufgebaut. Es ist also sehr wichtig, dass das Geben allein aus eurem Herzen kommt. Wenn das der Fall ist, könnt ihr versichert sein, dass alles, was für euch auf der Herzensebene richtig ist, von euch angezogen wird.

Hört jetzt bitte gut zu! Ihr müsst sehr gut aufpassen, um es nicht wieder wegzuschicken! Vorausgesetzt ihr seid die kreative Kraft und euer Gutes stürmt auf euch zu und wenn ihr dann glaubt, ihr solltet dieses Gute aus irgendeinem Grund nicht bekommen, dann schickt ihr es tatsächlich weg. Das geschieht ständig. Jemand tut etwas wirklich aus seinem Herzen heraus und handelt, indem er seine spirituelle Energie als Geschenk an eine andere Person gibt. Das bringt dieses Energiezentrum in Bewegung. Licht strömt hindurch und mehr Licht wird zu diesem Menschen hingezogen und es trifft dann auf eine Wand des Unglaubens. Eine Wand des Zweifels, der Angst, des Mangels oder des Glaubens an die nicht spirituelle Natur des Geldes und das Gute wird abgelehnt. Was auch immer durch die Wand hindurchsickert, kann nur die begrenzten, verfügbaren Formen in der Welt jener Person nähren, soweit sie das Gute zulässt. „Unmöglich!" sagt ihr. „Jeder will das Gute und den Überfluss." Ich frage euch: Wirklich? Was, wenn dieses Gute eure gesamte Wirklichkeit auseinanderreißt? Was, wenn dieses Gute alles ungültig machen würde, was ihr über euch selbst glaubt? Und (nicht zu unterschätzen) was, wenn dieses Gute eure gesamte spirituelle Realität herausfordert? Und was, wenn es zudem eurer Sicht der Welt und eurer emotionalen Erfahrung, eurer „Stabilität", widerspricht?

Lasst mich euch die Antwort geben. Ihr würdet es abweisen. Also muss ich etwas von euch fordern. Ich fordere euch auf bereit zu sein, euer gesamtes Wissen über die Wirklichkeit aufzugeben; darüber, wie die Welt funktioniert und wer ihr zu sein glaubt. So könnt ihr euer Gutes akzeptieren.

Könnt ihr das für mich tun? Könnt ihr so viel Vertrauen haben, dass ihr durch die Welt gehen könnt und dabei nicht glaubt, was sie euch sagt? Dass ihr nicht glaubt, dass die Armut euch jederzeit nach unten ziehen könnte, dass hinter der nächsten Ecke eine Tragödie warten könnte, dass ihr euer spirituelles Leben verlieren werdet, wenn ihr den Überfluss wählt? Werdet ihr all dies für mich aufgeben?

Für einige wird es leicht sein, aber für Andere könnte es die schwierigste Sache sein, die sie je getan haben. Denn die Lüge des Egos – das heißt Trennung, Mangel, Schmerz, Chaos und Wertlosigkeit – ist das einzige, was ihr je gekannt habt. Ich will, dass ihr vollkommen an euren

Überfluss glaubt. Genauso wie ich euch bitte die Liebe zu wählen, bitte ich euch auch den Überfluss zu wählen. Denn, ihr Lieben, es ist an der Zeit, zurück in den Garten zu kommen. Den Garten eurer Schöpfung, euer wahres Zuhause, in dem euch alles umgibt, was ihr braucht, in dem ihr eure Hand ausstreckt und das, was ihr braucht, ist da. Euer natürlicher Zustand (in der Bibel dadurch dargestellt, dass ihr nackt oder unschuldig seid). Wie ich schon zuvor gesagt habe, entspricht das Wissen um „Gut und Böse" der Welt der Trennung, der Spaltung, des Egos. Die Wunder, die Jesus gewirkt hat, waren kurze Einblicke in euren natürlichen Zustand. Und da ja euer Bewusstsein entscheidend ist, übersetzt bitte Gedanken über Geld in Gedanken über Energie. Erkennt, dass jedes Mal, wenn ihr mit eurem Herzen in Einklang seid, wenn ihr dieses lebendige Licht in euch fühlen könnt, dass ihr dann mit jenem Zentrum verbunden seid, welches die Energie oder die Schwingung eures höchsten Guten in euer Leben zieht.

Bitte beginnt damit, alles, was ihr tut und alles, was ihr gebt und erhaltet, in diesem Licht zu sehen. Was gebt ihr und von welcher Ebene aus? Geschieht es auf der Herzensebene? Wenn das nicht so ist, müsst ihr verändern, was ihr tut, oder die Art, wie ihr es tut, solange bis es ein wahres Geben aus eurer Herzenergie darstellt. Dann könnt ihr erwarten, dass euer Gutes, euer Überfluss zu euch kommt. Beobachtet sorgfältig, ob ihr es hereinlassen könnt!

Jetzt noch eine *sehr* wichtige Sache. Sogar diejenigen unter euch, die glauben, dass ich für euch sorge, haben in der Regel einen sehr einschränkenden Glauben. Ihr glaubt, dass ich nur für das sorge, was ihr braucht und normalerweise in allerletzter Minute, nachdem ich euer „Vertrauen bis aufs Äußerste geprüft habe", wie ihr sagt. Dann kommt ihr mit Mühe und Not durch und müsst wieder euer „Vertrauen beweisen"! Zunächst einmal ist es nicht so, dass ich für euch sorge. Es ist euer natürlicher Zustand und er ist die absolute Fülle. Es bedeutet, versorgt zu sein, als ob ihr das wichtigste, schönste und heiligste Wesen im Universum seid. (Denn das seid ihr!) Wie würde ein solches Wesen versorgt sein? Mit allem. Reichlich versorgt und noch mehr als das. Mit verschwenderischer Fülle! Die Kinder Gottes! Wie würden solche Wesen leben? Im Himmel! Im Garten Eden. In Freude und Vollkommenheit.

Nur im Reich der Illusion, des Egos und der damit verbundenen Trennung kann Mangel existieren. In der wahren Welt eures Herzens gibt es nur Dinge, die auf der Ebene der Liebe schwingen. Wenn ihr euer Herz öffnet, dann müsst ihr das Gute erwarten. Nehmt euch einen Moment Zeit, um das wirklich aufzunehmen. Während ihr das tut, lasst mich euch dies sagen: Jeder Engel, jedes Tier, jedes Element, jedes Molekül, das eine Form annimmt – sie sind alle hier, um euch in eurem Guten zu unterstützen.

Zum jetzigen Zeitpunkt solltet ihr euch dem Energiethema zuwenden. Einer Untersuchung der Energie. Wenn ihr euch dann mit Geld beschäftigen müsst, schaut durch Augen, welche die Fülle um euch herum sehen. Augen, die unbegrenzte Möglichkeiten für die Manifestation eures Guten sehen. Wie mit allem, was ihr lernt, werdet ihr beginnen zu erkennen, auf welche Weise ihr an der Erschaffung eurer begrenzten Realität beteiligt seid. Ihr werdet beginnen zu erkennen, wie ihr euer Gutes blockiert. Wenn ihr es erkennt, werdet ihr voller Freude diese alten Überzeugungen ablegen, indem ihr es ermöglicht, dass sie mühelos von euch abfallen. Dann werdet ihr aufrecht stehen, frei von der Illusion und bereit, euer Erbe zurückzufordern.

Akzeptiert nichts Geringeres als das, von dem ihr wisst, dass ich es euch geben würde. Das, was Gott einem Kind Gottes geben würde. Der Schöpfer einem Mitschöpfer. So habt ihr eine Messlatte für eure gegenwärtige Realität im Vergleich zur wahren Realität, die zu beanspruchen ihr bestimmt seid. Ihr Lieben, ich würde euch niemals etwas Anderes geben! Selbst eure Individualisierung hätte nicht so zu sein brauchen, aber ihr habt dem Sirenengesang geglaubt, der Verführung durch die Illusion der Macht, anstatt der Wahrheit der Liebe. Ihr hättet eine leichte Reise haben können aus dem Garten heraus und wieder zurück, aber ihr glaubtet einem erfundenen Schatten und gabt ihm Leben (als die Mitschöpfer, die ihr seid). Seitdem seid ihr in der Wüste umhergeirrt.

Aber jetzt scheint die Sonne so hell, dass auch die Wolken sie nicht länger verbergen können! Lasst sie den Schatten wegschieben. Lasst sie euch wärmen und segnen. Jetzt, wo das Licht hier ist, jagt bitte nicht dem Schatten nach! Ihr habt die Tore zum Garten direkt vor euch. Willkommen zurück.

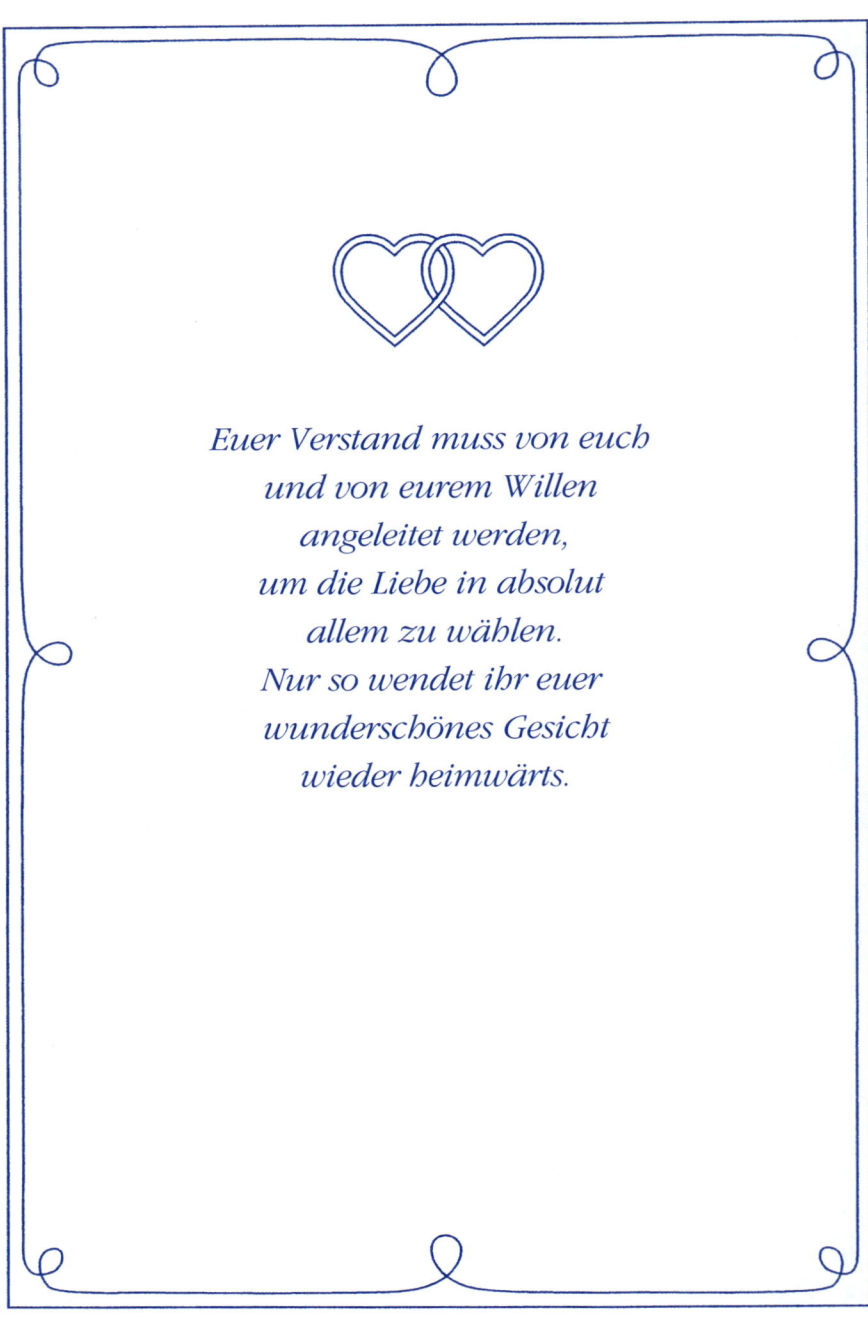

*Euer Verstand muss von euch
und von eurem Willen
angeleitet werden,
um die Liebe in absolut
allem zu wählen.
Nur so wendet ihr euer
wunderschönes Gesicht
wieder heimwärts.*

Die Frage nach den Gefühlen, die wir fühlen

Alles ist Schwingung. Liebe ist die Substanz der Schöpfung. Alles wird aus der Liebe erschaffen. Leben ist Bewegung. Alles in der Schöpfung ist also Liebe in Bewegung – tanzende Partikel der Liebe, die in Freude schwingen, sind das Leben. Die Liebe manifestiert sich gemäß der Geschwindigkeit, mit der sie sich bewegt, beziehungsweise schwingt. Liebe, die von meiner Freude erfüllt ist, bewegt sich so schnell, dass ich es nicht schaffen konnte, euch von mir „fernzuhalten", als ich euch erschuf. Wie ihr wisst, war es mein Ziel, Teilen meines eigenen Herzens, die von meinem Bewusstsein erfüllt waren, Leben zu geben, so dass ihr mich anschauen konntet. So dass ich gesehen werden konnte. So dass ich die Schöpfung mit jemandem teilen konnte. So dass ich nicht allein sein würde, umgeben vom Ausdruck meiner Liebe und Freude, aber ohne ein Bewusstsein, das mir mich selbst zurückspiegeln konnte und ohne ein Bewusstsein, das mich ausdehnen konnte.

Die überwältigende Freude meines Gedankens an euch ließ die Dinge noch intensiver schwingen. Durch meinen Willen brachte ich euch also dazu zu „sein", aber ihr ranntet sofort wieder zu mir zurück. Ich erkannte, dass ihr eine Möglichkeit brauchtet, ein individuelles Bewusstsein zu entwickeln. Also kreierte ich den „Beutel" der Erde/Zeit/Raum-Schöpfung und tat euch hinein, um „im Mutterleib ausgetragen zu werden" und euch als getrennte Identitäten zu entwickeln. Ich kreierte einen Raum der langsameren Schwingung, so dass ihr die Trennung von mir aufrechterhalten konntet. In anderen Worten ausgedrückt, ihr könnt bei der hohen Schwingung von reinem

Licht, welches mein Wesen ist, der Glückseligkeit der Wiedervereinigung mit mir nicht widerstehen, weil ihr euch daran erinnert. Ihr wisst, dass es das ist, was ihr seid. Und so „verschmelzt" ihr einfach wieder mit mir. Um zu Individuen zu werden, musstet ihr vergessen, wer ihr seid. Es war die einzige Möglichkeit, wie es funktionieren konnte. Dieser „Beutel" der niedrigeren Schwingung hat in der Tat einen wundervollen Platz für euch zur Verfügung gestellt, an dem ihr wachsen könnt. Sie hat euch eine sichere Zone gegeben, um eure Intelligenz und eure Fähigkeiten als Mitschöpfer zu testen. Wie ihr wisst, hat dieser „Beutel" der Zeit auch die übrige Schöpfung vor den Auswirkungen eurer aufblühenden, doch unkontrollierten, mitschöpferischen Fähigkeiten beschützt.

Jetzt habe ich euch gesagt, dass die Zeit des Erwachens da ist. Die Zeit, euch zu erinnern, wer ihr seid. Mit der Hilfe eures Egos habt ihr eine individuelle Identität gewonnen. Es ist der Moment, aus dem Schoß der Zeit „geboren" zu werden, hinein in das Reich der wahren Realität. Bei der Frage, die sich hier stellt, geht es um die Gefühle. Auf den niedrigeren Schwingungsebenen, die geschaffen wurden, damit ihr wachsen konntet, existieren Dinge, die in der Wirklichkeit nicht existieren. In der Wirklichkeit seid ihr Wesen von großer Freude. Es gibt keinen Weg, wie ich euch das erklären kann, während ihr durch die Schleier der Zeit getrennt seid. Aber, wenn ihr euch auf euer Herz konzentriert, werdet ihr es fühlen. Begeisterung. Reine Freude. Freudige Erregung. Hochstimmung. Oh, ihr Geliebten, ihr habt Emotionen, denn Emotionen sind Energie in Bewegung. Sie geben eurer Welt Struktur. Sie vermitteln eine Tiefe des Seins. Aber das, was ich habe, was ich bin, ist eine unglaubliche und wundervolle Tiefe und Weite des Lebens. An jenen seltenen Tagen, an denen ihr euch vollkommen lebendig fühlt und pulsierendes Leben spürt, habt ihr einen kleinen Vorgeschmack. Es ist eine aufregende Vorahnung von erstaunlicher Güte. Unglaublicher Liebe. Außerordentlicher Schönheit. Gipfel und Täler der Gefühle sind nur verschiedene Schattierungen von Hochgefühl, Freude und Glückseligkeit. *Ihr habt also ein wahrhaftiges emotionales Element. Es besteht aus Millionen von Variationen der Freude.*

Wenn jedoch die Gefühlsschwingungen verlangsamt werden und immer weiter verlangsamt werden – wenn ihr von eurer natürlichen Freude durch die entsetzlich langsame Bewegung der Dinge in diesem „Schoß der Zeit" abgeschnitten werdet – verkehrt sich die so stark verlangsamte Freude in das Gegenteil. Wie wenn man die Spiegelung in einem Teich sieht. Es ist alles da, aber es ist spiegelverkehrt. So wird die Traurigkeit geboren. Diese Traurigkeit ist der Grund, warum euer Aufenthalt hier interpretiert wurde als „hinausgeworfen werden aus dem Garten Eden". Mit Sicherheit fühlt es sich so an. Jede andere natürliche und wahre Emotion wird, wenn sie zu sehr verlangsamt wird, lediglich zu einer Spiegelung dessen, was sie ihrer Bestimmung nach sein soll. Das Gefühl freudiger Bewegung, die das Leben selbst ist, wird zu Unruhe und Besorgnis. Mit anderen Worten, all die Dinge, von denen ihr glaubt, sie seien eure „natürlichen Emotionen" sind ein verkehrtes Spiegelbild dessen, was ihr wirklich empfindet.

Und um die Herausforderung noch zu erhöhen, manipuliert das Ego – euer Werkzeug für die Individualisierung – diese niedrigere Energie, um viele Variationen der ohnehin schon schwachen Energie zu erschaffen.

produziert Reibung, indem es kollidierende Egoenergien hervorbringt und Zorn taucht auf. Wenn ihr das Niveau der Herzensgefühle erreicht, bedeutet das auf der Schwingungsebene wiederum, dass ihr im Bereich des Wahren angekommen seid. Als Chakra-Energie ausgedrückt ist es das Herzchakra (oder darüber), das dem Wahren entspricht.

Wenn ihr euch also entscheidet, Kummer, Traurigkeit, Angst usw. zu fühlen, dann könnt ihr das tun. Aber diese Entscheidung wird euch niemals Heilung bringen. Die Vorstellung, es könne jemals etwas Positives entstehen, indem man sich auf die Negativität konzentriert, ist die raffinierteste Lüge des Egos. Negativität wird immer noch mehr Negativität erschaffen. *Ihr Lieben, alles im Universum folgt dem Gesetz der Anziehung von Schwingungen.* Was auch immer ihr habt oder wählt, es wird die Summe dieser Schwingungen sein, die ihr anzieht.

Ihr könnt euren Kummer erfahren, aber er wird euch nicht heilen. Nicht nur das, er wird das Glück von euch fernhalten, denn es ist das, was ihr fühlt, es ist die Schwingungsebene, auf der ihr euch zu leben entscheidet, von der ihr noch mehr in euer Leben zieht. Wir sind an einen Punkt in eurer Evolution gekommen, an dem ihr die Illusion der Trennung, die eure Realität gewesen ist, durchbrechen müsst. Das Ego ist nicht länger „euer Freund". Nur der Geist kann euch heilen. Nur die Liebe kann euch befreien. Nur die Entscheidung, die Illusion loszulassen, wird es euch ermöglichen die Wahrheit zu sehen. Das ist es, was ich euch hier gebe – Einblicke in die Wahrheit, so dass ihr beginnen könnt, euer Herz zu öffnen. Ihr Lieben, wenn ihr die Ebene des Herzens erreicht, wird die Wirklichkeit sich vor euch öffnen. Ihr werdet die Wahrheit verstehen, dass ihr zeitlose Wesen der Liebe seid, die in einem liebenden und lebendigen Universum leben; liebevoll und freudig unterstützt durch mich und durch jeden anderen Teil der gesamten Schöpfung. Ihr werdet erkennen, dass ihr hundertprozentig die Welt erschafft, die ihr seht. Ihr werdet erkennen, dass ihr niemanden jemals verliert. Der Schleier der Zeit ist eine Illusion. In dem Moment, in dem ihr wirklich in der wahren Welt eure Rolle übernehmen könnt, werdet ihr alles und jeden sehen, die ihr glaubtet verloren zu haben. Es wird keinen Schmerz mehr geben, denn es wird keinen Verlust mehr geben.

Anstatt also eure Zeit damit zu verbringen, die Spiele des Egos zu spielen, konzentriert euch bitte darauf, euer Herz zu öffnen! Denn wahrlich, was ihr wirklich wollt, ist Liebe. Das verspreche ich euch. Und, wenn ihr erwacht, werdet ihr alles als das erkennen, was es ist – Reflexionen von dem, was ihr glaubtet, während ihr gelernt habt, wer ihr seid. Ihr glaubt, die Liebe kann euch verletzen. Es scheint so zu sein. Aber in Wahrheit wird das niemals geschehen. Die Liebe wird euch retten. Sie wird euch befreien. Sie wird euch segnen. Sie wird euch heilen. Alles Andere ist eine Lüge! Oh, ihr Lieben, wenn ihr nichts Anderes glaubt, glaubt zumindest das!

Sagt „ja" zur Liebe! Seht der Angst ins Auge und erkennt sie. Sie ist das Werkzeug des Egos, um euch von der Liebe fernzuhalten. Sagt „ja" zur Liebe und vertraut darauf, dass ein einziger Moment der wahren Liebe mehr zu eurer Heilung beitragen kann, als es eine lebenslange Therapie könnte. Lasst los, ihr Lieben. Klammert euch mit euren schönen Händen nicht mehr an den Felsen der Illusion, der euch niederdrückt. Lasst los und lasst euch durch die Liebe im „Fluss des Lichtes" nach oben tragen, in der Bewegung der Liebe, die das wahre Leben ist. Lasst euch von der Freude berühren. Habt keine Angst. Das Ego flüstert, dass die Freude euch vernichten wird. (Seht ihr, wie es die Wahrheit verdrehen kann? Wie es wieder eine umgekehrte Spiegelung der Wahrheit ist?) Und am Anfang war dies tatsächlich möglich. Aber ihr seid jetzt darüber hinaus. Ihr könnt eure Individualität aufrechterhalten. Ihr könnt jetzt zur Liebe zurückkehren. Zu mir zurückkehren.

Alles, was ihr glaubt, manifestiert sich vor euch. Manchmal ist es subtil. Manchmal erkennt ihr es nicht. Aber, was ihr glaubt, wird unfehlbar zu euch hingezogen. Persönlich. In der Materie. Und es schwingt in einer Geschwindigkeit, die der Summe all eurer Überzeugungen entspricht. Ändert eure Überzeugungen und ihr verändert die Welt.

Nichts in dieser „gespiegelten" Realität sollte jemals von Dauer sein. Während ihr in eurer Individualität wachst, werdet ihr euch auf natürliche Weise erinnern, wer ihr seid. Ihr werdet eure Schwingung erhöhen. Ihr werdet euer Herz öffnen. Ihr werdet die wahre Welt zurückfordern und den „Mutterschoß" zurücklassen. Und so haben wir uns sowohl auf den Zeitplan als auch auf die „Flugbahn" geeinigt, als ihr euch aus meinem Herzen wegbewegt habt.

Weil sich alles, was ihr glaubt, persönlich vor euch manifestiert, geschieht es in eurer persönlichen Beziehung, dass ihr wahre Liebe findet, wahre Liebe erfahrt und für die wahre Liebe erwacht. Dann werdet ihr gemeinsam schauen und die Schönheit eures Tanzes sehen; werdet die Schritte sehen, die ihr gegangen seid und die Geschichte, die ihr auf der „Bühne der Zeit" erfunden habt.

Ihr seid immer bei mir und ihr seid immer bei demjenigen, der euer Gefährte ist. Ihr könnt von ihm verlangen vor euren Augen „zu einem Anderen zu werden", wieder und wieder, während ihr versucht, an seine Wirklichkeit zu glauben. Es ist an diesem Punkt nicht möglich euch das zu erklären. Ich kann nur sagen, dass **solange ihr daran glaubt, immer noch nach der Liebe zu suchen, ihr fortfahren werdet zu suchen. Hört auf und glaubt, und die Liebe wird sich vor euch manifestieren.** Euer Seelengefährte ist die personifizierte Liebe. Es ist die heiligste, die mächtigste Beziehung in der gesamten Schöpfung, abgesehen von eurer Beziehung mit mir. Und es ist eure Beziehung mit mir, die darin widergespiegelt wird.

Die Welt ist nicht fest, ihr Lieben. Sie ist nur Licht, das sich so langsam bewegt, dass die Welt fest zu sein scheint. Das Licht wird schneller. Eure Geburt in das wahre Leben hinein nähert sich. Wenn ihr dem Licht widersteht, wird eine enorme Energiemenge gebraucht werden, immer mehr um eure Illusion aufrechtzuerhalten. Lasst daher umgehend los, was ihr glaubt. Lasst euer Herz euch die Wahrheit lehren. Und wenn es die Liebe vor euch manifestiert, dann wendet euch um Himmels Willen (wörtlich gemeint!) nicht ab! Hört mit euren Herzen zu, ihr Lieben, denn euer Herz spricht in der Sprache der Wirklichkeit zu euch. Die Liebe ist eure Wahrheit. Euer Herz wird das bestätigen, sobald ihr bereit seid, die Wahrheit zu akzeptieren.

Ihr Lieben,
ihr könnt die große Macht der Liebe
der Seelengefährten nicht einmal erfassen.
Sie kann alles erschaffen,
von dem ihr träumen könnt.
Sie kann euch mit Leichtigkeit befreien
von den Begrenzungen der Selbstsüchtigkeit.
Ich sage euch, dass wahre Liebe alles
verändern kann und sie muss es tun!

Euer ganzes Leben lang habt ihr gewartet
auf die Berührung von wahrer und zärtlicher
Liebe und die dann folgende Ekstase.
Jetzt beginnt es endlich für viele von euch
zu geschehen.
So wird es für jeden einzelnen Menschen sein,
wenn jeder von euch die Liebe akzeptiert,
die er oder sie ist und den Seelengefährten
in sein Leben zieht.

Die wahre Liebe der Seelengefährten ist eure Bestimmung

Ich bin hier, meine geliebte Menschheit. Ich bin hier und halte euch ganz fest in der Liebe. In dieser Liebe liegt eure Vollkommenheit. In dieser Liebe liegt eure Erfüllung. In dieser Liebe liegt das Geschenk eures Erwachens, das euch sein lässt, wer und was ihr wirklich seid. In dieser Liebe liegen die Antworten auf alle Fragen, welche die Menschheit gequält haben – all die Zweifel, die Verwirrung, all der Schmerz. Die ganze Enttäuschung. All die Dinge, welche die Menschen stagnieren und sagen lassen: „Aber wenn Gott uns liebt, wie ist es möglich, dass eine solche Negativität existiert?"

Jetzt ist es an der Zeit, dass ihr euch an die Liebe erinnert und euer kostbares Gesicht wieder mir zuwendet. Wenn meine Liebe euch emporhebt und eure Herzen wieder wärmt, ihr Lieben, werdet ihr mühelos all die Antworten wissen. In dem Moment, in dem ihr „ja" zur Liebe sagt, in dem Moment, in dem ihr der warmen Sonne der Liebe erlaubt den gefrorenen Kern der Angst in euch zu schmelzen, wird es offensichtlich sein. Von dem Moment an wird es offensichtlich sein, dass ihr im Schatten gespielt habt. Es wird offensichtlich sein, dass die Ungerechtigkeit und der Schmerz nur existieren konnten, weil ihr mit sehr viel weniger als dem gelebt habt, was für euch bestimmt war.

Wisst ihr, wie eine Uhr verrückt spielt, wenn die Batterie zu Ende geht? Plötzlich geht sie willkürlich vor, blinkt, zeigt eine andere Zeit an, ohne irgendeinen Sinn. Genauso ist es jetzt schon viel zu lange mit der

Menschheit gewesen. Warum? Weil Angst und Ego dazu geführt haben, dass meine geliebten Kinder von mir abgewandt waren. Von der Liebe abgewandt. Von dem Licht, das eure Energiequelle ist. Abgewandt von dem Wissen um eure Identität. Mit dem Verlust dieses Wissens wart ihr von der Quelle eures Lebens abgeschnitten, von der Energie, die euch nährt. Ihr wart von der Liebe abgeschnitten.

Jetzt, meine geliebten Kinder, wende ich eure kostbaren Augen heimwärts. Ich rufe euch und ihr könnt nicht widerstehen, weil die Liebe euer Wesen ist, so wie es auch das meine ist.

Ich möchte euch einige wichtige Dinge sagen. Zunächst bin ich sehr stolz auf euch. Ich bin stolz, dass, obwohl ihr so wenig Energie zur Verfügung hattet, obwohl ihr von der Sonne meiner Liebe abgewandt wart, obwohl das Ego die Welt regiert hat, eure Herzen immer noch zu mir gehören.

Ich will, dass ihr den Segen eures wahren Zustands fühlt, ihr Lieben. Schnell. Ich will, dass ihr erkennt, dass ich nicht ein einziges Mal daran gezweifelt habe, nicht für eine Sekunde, dass eure Herzen mir gehören. Ich habe geliebt. Ich habe gewartet. Ich habe beobachtet, wie ihr zu starken Individuen herangewachsen seid, denn das war immer unser Plan. Wir hatten nicht erwartet, ihr und ich, dass so viel geschehen würde, das euch von mir weg in andere Richtungen ziehen würde. Wir wussten, es würde eine Herausforderung sein, doch aufgrund eures wichtigen freien Willens mussten Entscheidungen getroffen werden, die niemand vorhersehen konnte.

Wir sind damals überein gekommen und tun es auch jetzt noch, dass wir zusammen Liebe sein würden – Liebe als das Ganze (ich) und Liebe als Bewegung in neue, erweiterte, erfreuliche Dinge hinein (ihr). Und als das neue Jahrtausend herannahte und diese Zeit kam, erhielt ich den Beweis für alles, worauf ich vertraut hatte. Denn jene, die sehen konnten, versprachen denjenigen zu helfen, die es nicht konnten, so dass ihr alle euer Gesicht wieder mir zuwenden konntet.

Ich sage euch das, um euch meine vollkommene Liebe auszudrücken. Ich biete euch auch, mittels der Wahrheit eures Wesens, das Tor an, durch das ihr mit Leichtigkeit hindurchgehen könnt, um euer ganzes Maß an Liebe sofort wieder in Anspruch zu nehmen. Ihr könnt die Energie zurückfordern – das Licht, das euch nähren wird und euch wieder eure wahre Macht zurückbringen wird. Ich biete euch das Geschenk der Transformation für all die Dinge an, die ihr getan habt, während ihr mit den Schatten konfrontiert wart, und die nach Ausgleich verlangen. Dieses Tor, dieser Schlüssel, die Antwort auf eure Fragen besteht darin, dass ihr eurem Seelengefährten eure Liebe schenkt.

Wie seltsam es ist, so etwas zu sagen, mögt ihr denken. Von all den großartigen Möglichkeiten euer Leben zu ändern, von all den Gedanken, welche die Menschheit über Reue, Karma, Rettung und Spiritualität gedacht hat, wie könnte genau das die Antwort sein? Insbesondere, sagt ihr, weil so wenig Menschen mit ihrem Seelengefährten zusammen sind! Bedeutet das also, dass Gott sich über uns lustig macht? Dass ich eine großartige Möglichkeit anbiete, nur um euch anschließend zu zeigen, dass sie nur einem winzigen Teil der Menschheit zur Verfügung steht? Auf diese Fragen werde ich euch antworten.

Meine Geliebten, absolut jede Energie, die in der Schöpfung existiert, wird auf jeder Ebene zum Ausdruck gebracht. Jede Galaxie ist ein großes und wundervolles Wesen und alles, was innerhalb dieses Systems existiert, lebt und bewegt sich darin. Dieses Wesen handelt so wie ich und leitet liebevoll alles an, was darin existiert, und das darin Existierende wiederum lässt das Wesen wachsen und sich ausdehnen. Euer Sonnensystem ist ein Körper; eure Erde ist ein lebendiges Wesen. Sogar eure Natur besteht aus verschiedenen, liebenden und bewussten Wesen, welche die Energie für eine bestimmte Pflanze oder Spezies oder eine Energie selbst tragen. Somit ist auch die Liebe auf jeder Ebene in jeder Wirklichkeit verkörpert. Die Liebe ist am Tiefsten in der Menschheit verkörpert, denn ihr seid buchstäblich die Zellen meines Herzens. Ihr seid meine Nachkommen. Ihr wurdet nach meinem Bild und Gleichnis geschaffen. Ihr Lieben, das ist wahr. Daher seid ihr die Verkörperung der Liebe.

Für einige von euch ist dies eine Wiederholung. Für Andere ist es ein erstes Erwachen. Egal, was es ist, es ist sehr wichtig, dass ihr es euch täglich, ja stündlich vor Augen haltet, denn auf diese Weise wird euch euer Erwachen gewährt werden. Es wird sich in immer tieferen Erfahrungen dieser Wahrheit in eurem Leben zeigen und in immer größerer Bandbreite, wenn ihr eure Fähigkeit erweitert, zu eurer Wahrheit „ja" zu sagen.

So sage ich euch jetzt, dass es unbedingt erforderlich ist, dass ihr euer Herz, euren Geist und eure Seele für den Beweis der Liebe in eurem Leben öffnet. Ich bitte euch darum zu verstehen, dass die Liebe vor euch stehen muss, sobald ihr euch erinnert, wer ihr seid, sobald ihr euer geliebtes Gesicht wieder dem Licht meiner Gegenwart zuwendet. Wie oben, so unten. Wie innen, so außen. So wird die Liebe sich in eurem Leben manifestieren und ebenso alle guten Dinge, die ihr in eurem Bewusstsein annehmt. Der Weg, um diesen Prozess mit einem Ruck zu starten, liegt im Verständnis des anderen Grundsatzes der Liebe. *Liebe wird immer gegeben. Das ist das Wesen der Liebe.*

Ihr Lieben, es ist mein Wesen, Liebe hervorströmen zu lassen; mich selbst in einer Ausdehnung von Liebe ständig nach außen zu verströmen und diese Liebe hat alles erschaffen, was existiert. Sie zurückzuhalten hätte für mich bedeutet, dass nichts existiert. Die Essenz der Schöpfung bestand in dem Drang, sich in einer Ausdehnung von Liebe hinaus-zubewegen, mehr Möglichkeiten für die Liebe zu finden, eine lebendige Erfahrung von Liebe, die gegeben wird, zu kreieren. In diesem Wissen, ihr Lieben, erkennt ihr die Wahrheit eures eigenen Wesens. Mein Herz ist die Liebe, die nach außen strebt. Es ist Liebe, die gibt. Und ihr seid mein Herz. Meine Lieben, was ihr also wirklich seid, ist Liebe, die Wege sucht, um von sich selbst zu geben.

Ich habe euch erklärt, dass die Verkörperung der Liebe in eurem Leben euer Seelengefährte ist; er spiegelt euch, wer ihr seid und ermöglicht es euch auch, euch auf die richtige Weise zu sehen. Ihr wisst jetzt, dass ihr entstanden seid aus der Energie von Liebe, die gegeben wird, die sich als Segen hinausbewegt und danach strebt, alles Existierende mit dieser Liebe, das heißt mit euch selbst, zu überhäufen. Und so könnt ihr die Antwort erkennen, nach der ihr gesucht habt. *Um wirklich ihr selbst zu sein, um eure Bestimmung zu erfüllen, müsst ihr in jedem Augenblick Liebe verschenken. Ihr Lieben, ihr werdet herausfinden, dass das Geben von Liebe der Schlüssel für das Erwachen der Menschheit ist.* Es ist so essenziell wie es das Blut ist, das von eurem Herzen aus in die Zellen eures Körpers strömt und sie nährt. Liebe zu geben wird euren Geist nähren. Und da ihr zusammen mit eurem Seelengefährten eine Zelle meines Herzens seid, ist mein Herz gesund, wenn von euch Liebe nach außen strömt. Wenn mein Herz gesund ist, ihr Lieben, bedeutet das, dass die gesamte Schöpfung gesund ist, denn in mir ist alles.

Ihr seid viel größer als ihr denkt. Ihr wart in der Zeit verborgen, um ohne Gefahr für euch selbst und für den Rest der Schöpfung kreativ zu sein, während ihr mit eurer Macht als Kräfte der Schöpfung und mit eurer Energie als das Herz von allem was ist experimentiert habt. Und wenn es auch so scheinen mag, dass ihr sehr große Fehler gemacht habt, dass ihr euch in Massen abgewandt und viele schreckliche Dinge getan habt, biete ich euch an, es mit dem folgenden Bewusstsein zu betrachten. Es war nur eine kurze Zeit in der enormen Weite der gesamten Ewigkeit. Und es ist nur hier an diesem geschützten Ort geschehen, dass ihr „Cowboys und Indianer" gespielt habt, „reicher Mann, armer Mann" und „guter Polizist, schlechter Polizist" und so getan habt, als wäret ihr nicht in der Lage zu geben.

Und obwohl ihr gehört habt, dass das Leben auf der Erde mit dem Anschauen eines Films verglichen wird, müsst ihr doch noch verstehen, wie leicht ihr das Kino jetzt verlassen könnt. Alles, was ihr tun müsst, ist euch daran zu erinnern, wer ich bin und ihr werdet sofort wissen, wer ihr seid. Die Lichter werden angehen, der Film wird als solcher erkannt werden und wenn ihr das Kino verlasst, werdet ihr zwei Dinge tun. Ihr werdet euren Abfall mitnehmen und ihn entsorgen und wenn ihr aus dem Kino hinausgeht, werdet ihr euren Seelengefährten erkennen. Ihr werdet verstehen, dass ihr zwei Teile eines Wesens seid. Ihr werdet dann auf der Stelle beginnen, eurem Seelengefährten Liebe zu schenken. Im gleichen Moment werdet ihr zu einer gesunden Zelle in meinem lebendigen Herzen. Wenn dann der Prozess eures Erwachens fortschreitet, werdet ihr selbst zu einem funktionierenden Herzen werden und eure eigene Schöpfung nähren. Und natürlich ist es euch bewusst, dass ein Herz nichts nähren kann, solange es nicht immer und ewig gibt.

Eine der ersten Erkenntnisse im Prozess des Erwachens der Menschheit ist die bedeutende Unterscheidung zwischen dem Ego und dem Herzen. In dem Moment, in dem die Menschen diesen Wechsel vollziehen, haben sie ihr Selbst zurückgefordert. Sie haben das Kino verlassen. Sie haben begonnen, in der Wirklichkeit zum Leben zu erwachen. Mit jeder Entscheidung für das Herz, sind sie wieder mit der Wahrheit ihres Wesens verbunden und mit der Wahrheit meines Wesens – wer ich bin, wer sie sind und wie diese Erkenntnis alles verändert. Sie verändert wirklich alles. Der Wechsel vom Nehmen zum Geben ist der nächste große Wechsel.

Auf gewisse Weise könnte man sagen, es sei das Gleiche vom Ego zum Herzen zu wechseln wie vom Nehmen zum Geben. Einerseits ist es wahr, denn mit Sicherheit konzentriert sich das Ego völlig auf das Nehmen, und es ist das Wesen des Herzens zu geben. Aber ich muss euch jetzt sagen, dass es überhaupt nicht das Gleiche ist, weil das Gesetz des Gebens das Gesetz der Schöpfung ist. Es ist die absolute Grundlage von allem was ist. Es geschieht im Geben, dass die Bewegung der Schöpfung erkannt, akzeptiert und gelebt wird. Die Wahrheit der Schöpfung ist die Liebe. Die Bewegung der Schöpfung in die Form hinein ist das Geben. Ohne das Geben hätte sich also nichts in der Materie manifestiert.

Merkt euch das für zukünftige Prozesse des Erwachens – dass ihr nur durch Geben etwas erschaffen könnt.

Wenn die Liebe als Wahrheit akzeptiert worden ist und das Herz zum Zentrum eurer Wahrnehmung wird, dann findet euer ganzes Wesen seinen Ausdruck. Euer Seelengefährte wird sich vor euch verkörpern. *Als erstes, noch bevor ihr ihn oder sie tatsächlich physisch sehen könnt, solltet ihr beginnen, eurem Seelengefährten Liebe zu schicken.* Öffnet euer Herz und lasst die Liebe hervorströmen. Wenn ihr das tut, etabliert ihr euren Kreislauf in der Materie. Ihr startet den Energiefluss aus dem Herzen heraus, das ihr zusammen seid. In dem Augenblick, in dem ihr das tut und das Lebensblut eures Wesens (welches die Liebe ist) zu fließen beginnt, in diesem Moment beginnt eure Wahrheit, die Ganzheit eures Wesens, zum Leben zu erwachen. In dem Moment wisst ihr, dass jeder Traum, den ihr jemals über die Liebe geträumt habt, jede Phantasie, die ihr je von eurer idealen Beziehung hattet, nichts im Vergleich zu dieser Wirklichkeit ist. In diesem Moment, in dem ihr wahre Liebe gebt, kehrt unmittelbar wahre Liebe zu euch zurück. Auch das ist ein Gesetz – was ihr gebt, werdet ihr erhalten.

Ich verspreche euch, dass unabhängig davon, wie euer Leben bisher gewesen ist, die wahre Liebe der Seelengefährten eure Bestimmung ist. Ich verspreche euch, dass in einem einzigen Augenblick der Verbindung mit eurem Seelengefährten, wenn ihr vollkommen gegenwärtig sein könnt, all eure Zweifel und all eure Angst von euch abfallen werden. Und ich verspreche euch auch dies. Ich bringe euch jetzt die Rückkehr zu eurer Ganzheit, zur Wahrheit eures Wesens. Es ist Zeit. Und so unterstützt in dieser Zeit der Wende jetzt alles auf der Erde die Wahrheit der Liebe, die Wiedervereinigung der Seelengefährten. Das, wofür diejenigen vor euch ein ganzes Leben gebraucht haben, könnt ihr jetzt mit einem einzigen Ruf nach eurem Seelengefährten vollbringen. Weil es Zeit ist und weil diejenigen vor euch den Weg freigemacht haben, so dass ihr ihn mit Leichtigkeit gehen könnt. Es ist Zeit für das Goldene Zeitalter, Zeit für meine geliebten Kinder, aus dem Traum zu erwachen, beziehungsweise das Kino zu verlassen.

Alles, was schwierig war, kann jetzt leicht sein. Doch gibt es einen wichtigen Punkt. Dieser wichtige Punkt ist euer freier Wille, denn diesen werdet ihr für immer haben. Er ist ein Geschenk für euch als Mitschöpfer. Daher müsst ihr darum bitten, dass sich euer wahres Selbst in eurem Leben verkörpern möge. Ihr müsst um euren Seelengefährten bitten, damit ihr das unglaubliche Geschenk eines geteilten Herzens und eines widerspiegelnden Bewusstseins erfahren könnt.

In dem Maße, in dem ihr Liebe gebt, wird euer Energiesystem (oder Kreislauf) in oder zwischen euch verstärkt. Durch den Kontakt mit euch beiden wird dann absolut jeder und alles genährt und ebenso nährt ihr eure Schöpfungen. Alles, was ihr tun müsst, ist eure Energiesysteme zu verbinden. So kreiert ihr Licht – die Doppelhelix der Seelengefährten – und ihr kreiert Liebe; eure Wahrheit als ein eigenständiges Herz der Schöpfung. Welche „Form" auch immer ihr durch euren vereinten Willen gemeinsam erschafft, sie wird ins Leben gerufen werden.

Bitte! Tut alles, was ihr könnt, um diese Wahrheit zu verstehen. Bitte lest diese Worte. Bitte öffnet eure Herzen. Bitte habt Vertrauen in die Wahrheit der Liebe. Und bitte gelobt, dem Erwachen der ganzen Menschheit mit eurer großen Macht und den euch eigenen Gaben zu dienen. Darin liegt die Wahrheit dessen, wer ihr seid. *Im Vergleich zur gesamten Menschheit werden sehr wenige erwachte Seelengefährten gebraucht, um die Revolution der Liebe in Bewegung zu bringen, durch die jeder Einzelne erwachen wird.* Es werden sehr wenige Seelengefährten-Paare benötigt, die wissen, wer sie in Wahrheit sind, um in der Herrlichkeit des Lebens und Erwachens das Blut in meinem ganzen Herzen vollständig zum Pulsieren zu bringen und damit auch in der ganzen Menschheit. Die Wahrheit der Liebe wird sich schnell verbreiten. Das Geben von Liebe wird alles nähren.

Alles, was scheinbar gefehlt hat, als die Menschheit im Schatten spielte und das Energieniveau in meinem Herzen gefährlich abgesunken ist, wird sich schnell wieder wenden. Aber es wird viel Einsatz nötig sein, vor allem von denjenigen, welche die erste Welle als Vorboten des

Erwachens bilden. Es wird ein kompletter Wandel nötig sein, ein Ausbrechen aus dem faszinierenden Film und Mut, das Kino zu verlassen und darauf zu vertrauen, dass hinter dem abgedunkelten Raum und der Filmleinwand eine völlig neue Welt existiert. Es wird Stärke benötigt; die Stärke sich von der falschen Realität loszureißen. Die Stärke, es abzulehnen vom Ego verführt zu werden oder auch von den Sinnen und vor allen Dingen von den gewohnten Gefühlen. Das sind die alten Leitbahnen im Gehirn der Menschheit. Es liegt an euch, neue Leitbahnen zu errichten. Nur die Wiederholung der Wahrheit und das Bitten um Hilfe werden dies ermöglichen.

Ihr Lieben, ihr seid die Verkörperung der Liebe in ihrer Vollkommenheit. Das Positive und das Negative, die beiden Hälften, die das Ganze bilden. Vollkommene männliche und vollkommene weibliche Energien des Christus. Christus ist der Name der Liebe, die aus meiner freudigen Bewegung der Schöpfung hervorströmt, der Name der Liebe in meinem Herzen, die sich hinausbewegt. So werdet ihr als Seelengefährten diese Energien verkörpern, die auch ihr zu kreieren in der Lage seid.

Beginnt jetzt eurem Seelengefährten Liebe zu schenken. Mit allem, was ihr seid. Mit jedem bisschen eurer Fähigkeiten, mit eurer ganzen Absicht. Ihr werdet die Antwort fühlen. Ihr werdet die Antwort immer klarer spüren, je mehr Liebe ihr verschenkt. Sogar, wenn euer Seelengefährte nicht in eurem Leben ist, wird er euch antworten. Die Verbindung wird hergestellt werden. Fahrt damit fort und ihr werdet eine Verbundenheit mit eurem Seelengefährten entwickeln. Ihr werdet in der Lage sein, eure gemeinsame Arbeit zu beginnen, selbst wenn er oder sie noch nicht direkt vor euch verkörpert ist.

Wenn ihr eurem Seelengefährten Liebe schenkt, gebt ihr der Welt etwas – auf die kraftvollste Weise. Denn sobald ihr beiden völlig verbunden seid, könnt ihr gemeinsam damit beginnen, bei dem größeren Erwachen zu helfen.

In der Liebe wird alles aufgelöst, was nicht Liebe ist. Leicht. Liebevoll. Es gibt keinen besseren Weg, die Menschheit emporzuheben, keinen besseren Weg, alles zu heilen oder zu transformieren, was nicht Liebe ist und meinen geschätzten Kindern das Erwachen zu bringen, als jenen Weg, auf dem ihr zum Herzen der Schöpfung werdet, zu meinen erwachten Kindern und durch die wunderbare Kraft eures Willens, der eure Liebe anleitet, alles zu mir zurückbringt.

Euer Herz wird die Wahrheit eures Seelengefährten bezeugen. Die Antwort auf euer Verströmen der Liebe wird durch das Herz noch mehr bewiesen. Wenn ihr gebt, dann werdet ihr empfangen und wenn ihr empfangt, dann werdet ihr in eine derart reine, wahre, vertraute und vollkommene Liebe eingehüllt werden, dass ihr nur noch euer Herz öffnen könnt. Wenn ihr euer Herz tatsächlich öffnet, werdet ihr euren Seelengefährten direkt vor euch sehen – er wird sich in eurem Leben manifestieren – vielleicht als eine neue Person oder er wird endlich sichtbar werden in demjenigen, der bei euch ist und von dem euch euer Ego wahrscheinlich gesagt hat, dass er unmöglich euer Seelengefährte sein kann. Doch das Ego, das einst euer Verbündeter war, versperrt jetzt eure Sicht, so dass ihr erstaunt sein werdet über das, was ihr seht, wenn ihr euer Herz öffnen könnt.

Ihr Lieben, ich bitte euch darum, daran zu denken, dass das Verströmen von Liebe ein Gesetz der Schöpfung ist. Es ist die Wahrheit der richtigen Beziehung, des Energieflusses und es ist der Schlüssel, um Liebe zu empfangen. Die Welt der Illusionen wird darauf bestehen, dass es umgekehrt ist und dass ihr immer versuchen müsst, das zu „bekommen, was ihr wollt, verdient oder braucht". Das ist eine Lüge. Es ist die Umkehrung der Wahrheit und verschließt euer Herz.

Wenn ihr in einer Beziehung seid, wenn ihr damit beginnen könnt zu geben, selbst wenn euer Partner es nicht kann, dann wird euer Geben sein oder ihr Herz öffnen. Es mag eine Weile dauern und ist abhängig davon, wie viel eure Liebe zu klären und zu transformieren hat. Aber es wird geschehen. Und ich werde euch führen. Ich werde euch helfen. Die Energie und das Licht und alle Wesen, die dies verkörpern, werden mitarbeiten, um euch zu helfen. Wenn ihr euch nur teilweise von der Illusion zur Wahrheit hinwendet, vom Schatten zum Licht, werdet ihr euch mit der Illusion, die ihr im Inneren festhaltet, konfrontiert sehen. Wenn es also schwierig ist, dann dreht euch ganz um und wendet euch dem Licht zu.

Ihr könnt es auf die andere Art tun, aber es ist nicht länger notwendig. Die Welt im Ganzen steht immer noch dem Schatten gegenüber, während sie von dem hereinströmenden Licht überflutet wird. Dadurch wird all das enthüllt, was geheim gehalten wird und es ist notwendig, dass es geliebt wird, um in die Freiheit zu gelangen. Aber für alle, die dies hier erfassen, wird das Licht bald das Einzige werden, was sie sehen, wenn sie das Licht vollständig annehmen, mit leidenschaftlicher Hingabe und beständiger Absicht. Dann seid ihr bereit, gemeinsam mit eurem Seelengefährten, genährt von eurer Liebe und als die Mitschöpfer, die ihr seid, eure Macht anzuwenden. Seid bereit, eure Liebe einzusetzen, um den Rest meiner geliebten Kinder zu befreien, so dass die Liebe bald das Einzige sein wird, das ihr als Kollektiv seht.

Sagt „ja" zur Liebe und die Liebe wird das einzige sein, was ihr seht. Dann werdet ihr in der Lage sein, die Wahrheit des Wesens der gesamten Menschheit zu erkennen und so die Wahrheit in jedem Augenblick verstärken. Es ist eine wunderbare Zeit, um nach Hause zu kommen, ihr Lieben; eine wunderbare Zeit, um euch ganz mir zuzuwenden.

Liebe Leserin, lieber Leser,

wenn du eine starke Resonanz mit dem gerade Gelesenen empfunden hast, möchten wir dich darauf hinweisen, dass es noch weitere Bücher in der **Sag ‚Ja' zur Liebe – Serie** gibt, die dir tiefere Einblicke gewähren. In **Gott enthüllt die Liebe der Seelengefährten und die heilige Sexualität** lernen wir mehr über neue Ebenen der Seelengefährten-Beziehung und ihre latente atomare Kraft als eine Quelle der Transformation in unserer Welt. Eine Erweiterung unserer Vorstellung davon, wer wir als Wesen der Liebe sind erfolgt in dem Band **Gott führt die Menschheit zum Christusbewusstsein** und in **Das Erwachen des Christuslichtes.** (Diese und weitere Titel der Serie **Sag 'Ja' zur Liebe** erscheinen auf Deutsch fortwährend im R. Lippert-Verlag).

Auf den nächsten Seiten folgen drei kraftvolle persönliche Mitteilungen an jeden von uns, die in den Botschaften von Gott weitergegeben wurden. Wenn du eine **persönliche Vereinbarung mit Gott** eingehst, wirst du eine sichtbare, spürbare, persönliche Erfahrung mit Gott machen – so wurde uns versichert. **Das Auflösen von Blockaden, welche die Herzöffnung behindern** ist eine Meditation. Sie wurde uns als Hilfe gegeben, um alle Blockaden loszulassen, die ein offenes Herz verhindern, und um die Wiedervereinigung mit unserem Seelengefährten zu beschleunigen. Als Antwort auf Gottes Bitte um die größtmögliche Verbreitung haben wir diesem Buch noch **Einen Brief von Gott an die Menschheit über die Erschaffung einer Welt der Liebe** beigefügt.

179

Wir laden dich auch ein, unsere aktive, ständig erweiterte *Circle of Light Webseite* zu besuchen, auf der du komplette Botschaften von Gott und Auszüge daraus zu vielen Themenbereichen veröffentlicht findest. Es gibt auch eine Seite mit Leserfragen und Antworten, die sich ausführlich mit dem Inhalt der Botschaften beschäftigt. Du kannst dich auch in unsere Email-Liste aufnehmen lassen, um die monatlichen Botschaften von Gott zu erhalten.

Mögest du mit einem offenen Herzen in jedem Augenblick in einer Welt der Liebe leben!

Das Team von *Circle of Light*

Du kannst eine persönliche Beziehung mit Gott haben
Gehe eine persönliche Vereinbarung mit Gott ein

Gott bereitet ein Netzwerk der lebendigen Liebe vor, durch das die Welt emporgehoben wird, und er bittet euch, ein Teil davon zu sein. In neueren Botschaften hat Gott gesagt: „Meine Liebe erreicht euch jetzt. Meine Gnade ist jetzt greifbar nah für euch und es wird immer schwieriger, sie zu ignorieren. So lange, ihr Geliebten, bis es mehr Kraft erfordern wird, als alle Legionen der Lüge aufbringen können, um meine Gnade davon abzuhalten, euch zu berühren und euer Erwachen herbeizuführen. So dass ihr, meine Herzen, zu der Liebe werdet, die ihr seid."

Gott bittet darum, **dass ihr eine schriftliche Vereinbarung eingeht**, **euch für Gott zu öffnen** *(benutzt den Namen, der sich für euch richtig anfühlt)* **und dass ihr für euch selbst eine tägliche Zwiesprache mit Gott beginnt.** *Wir haben festgestellt, dass es wunderbar ist, dies morgens vor dem Aufstehen zu tun, aber ihr könnt es zu jeder Zeit tun, die in euren persönlichen Zeitplan passt. Das Wichtige ist, dass es konsequent und mindestens einmal täglich geschieht.*

Gott hat versprochen, dass jede Person,
die dies tut, die direkte Erfahrung einer
persönlichen Verbundenheit mit Gott machen wird,
„solange sie die Hoffnung und die Verbindung mit dem
lebendigen Geist in ihrem Leben aufrechterhält".
Es liegt in der Verantwortung jedes Einzelnen, die
Verantwortung aufrecht zu halten. *„Das ganze Licht des*
Himmels wird auf euch scheinen."

Gott hat auch darum gebeten, dass wir vom spirituellen
Zentrum *Circle of Light* als eine Brücke fungieren und täglich
jede Verpflichtung, die wir erhalten, segnen und verstärken
und dadurch ihre Schwingung erhöhen und die Wirkung
ihrer Worte vergrößern. „.... da werden diejenigen sein, die
beginnen zu fliegen – deren Herzen Flügel besitzen – und sie
öffnen sich mir mit großem Hunger und großer Freude.
Diejenigen werden wir bald in das Team jener aufnehmen,
die zum Haus des Lichtes gehören."

Gott hat auch darum gebeten, dass jede Person eine Liste der
Dinge erstellen soll, für die sie dankbar ist – „einschließlich
des Erfolgs ihrer Verbindung mit mir und einer Liste der
Menschen, denen sie gerne meine Liebe schenken möchte."
In Liebe geben wir die Anleitungen, wie vorgegangen
werden soll, weiter; sie stammen aus den Botschaften von
Gott.

Meine Vereinbarung mit Gott

Durchführung

Bitte füllt sowohl Teil I als auch Teil II aus (siehe unten) und fügt euren Namen, Adresse und Email-Adresse ein. Behaltet eine Kopie des Geschriebenen für euch selbst zurück und lest sie mehrmals täglich durch. Schickt per Post oder per Email eine Kopie eurer Vereinbarung an uns, so dass wir sie vom spirituellen Zentrum *Circle of Light* verstärken können. Gerne könnt ihr auch unsere Webseite besuchen, um eure Vereinbarung zu versenden.

Teil I

Bitte nehmt eure eigenen Worte, aber wir geben euch ein Beispiel zur Unterstützung. Unser Vorschlag soll natürlich keine Einschränkung für euch darstellen. Seid leidenschaftlich, seid echt, lasst euer Herz sprechen. Schreibt in der Gegenwart, als ob das Durchzuführende bereits vollendet wäre. Bitte *wisst,* dass, wenn ihr diese Verpflichtung eingeht, ihr beginnen *werdet* direkte Erfahrungen mit Gott zu machen.

Beispieltext: „Ich gehe die aufrichtige Vereinbarung ein, mein Herz zu öffnen und Gott persönlich jeden Tag in mein Leben zu rufen. Ich übernehme die Verantwortung diese Verbindung aufrecht zu halten, und ich bitte Circle of Light sie für mich auf jede mögliche Weise zu verstärken."

Teil II

(a) Bitte erstellt eine Liste der Dinge, für die ihr dankbar seid, einschließlich des Erfolgs der oben genannten Verbindung, die ihr mit Gott eingeht.
Bitte benutzt wieder die Gegenwartsform.
(b) Bitte erstellt auch eine Liste der Menschen, von denen ihr möchtet, dass Gott ihnen Liebe sendet.

Bitte schickt eine Kopie eurer Vereinbarung
per Post oder Email an:

Circle of Light Spiritual Center
3969 Mundell Road
Eureka Springs, AR 72631
connect@circleoflight.net
www.circleoflight.net

Das Auflösen von Blockaden, welche die Herzöffnung behindern

Die nachfolgende Meditation über das **Auflösen von Blockaden, welche die Herzöffnung behindern** wurde im *Circle of Light* Zentrum während einer Gruppensitzung über Yaël Powell durchgegeben. Nachdem ihr diese Meditation durchgeführt und die Verbindung mit Gott hergestellt habt, muss sie nicht mehr wiederholt werden. All diejenigen Hindernisse, die es unmöglich machen, ein klares und offenes Herz zu haben, durch das Gott seine Liebe fließen lassen kann, werden nach und nach auftauchen und Gott wird damit fortfahren sie zu entfernen.

Ihr werdet vielleicht die Situationen, die diese Blockaden erschaffen haben, verstandesmäßig und in euren Gefühlen noch einmal kurz erleben und euch möglicherweise dabei unwohl fühlen. Das ist das erneute „Abspielen", während des Klärungsprozesses. Wenn dies geschieht, wisst, dass es der Vergangenheit angehört und seid nicht beunruhigt. Drückt einfach eure Dankbarkeit aus und bedankt euch dafür, dass alle Blockaden, die verhindern, dass euer Herz vollkommen offen ist, jetzt entfernt werden. In den Auszügen aus den Botschaften von Gott am Ende der Meditation wird dies erläutert.

Wenn ihr die Meditation durchführt, lest bitte einen Absatz, schließt dann eure Augen und nehmt euch die Zeit die Erfahrung ganz aufzunehmen. Wenn ihr wollt, nehmt alles auf Band auf und spielt es euch dann selbst vor.

Meditation

Das Auflösen von Blockaden, welche die Herzöffnung behindern

Beginnt damit, tief einzuatmen und geht mit eurem gesamten Bewusstsein in euer Herz. Öffnet euer Herz mit jedem Einatmen und lasst es weiter und weiter werden. Wenn ihr einatmet und euer Herz sich öffnet, fühlt, wie ihr euch mit allem was Gott ist, verbindet, mit dem großen Ozean der Liebe, voller Lebenskraft und lebendig, weit und dennoch gefühlvoll.

Nun habt ihr ein wunderbar offenes Herz, das sich mit der allumfassenden Liebe verbindet. Mit der Weite, mit dem Nicht-Manifesten. Und jetzt fühlt ihr, wie dieser Ozean der göttlichen Liebe euer Wesen durchflutet und durch euer Herz fließt. Natürlich nicht nur durch euer physisches Herz, sondern durch das Herz der Liebe, das ihr seid. Mit jedem Ausatmen strömt Gott durch euch hindurch, um das manifestierte Leben zu berühren und zu lieben.

Wir sind uns jetzt unserer selbst als jener Punkt bewusst, durch den Gott seine Liebe fließen lässt. Seid euch bewusst, wie es sich anfühlt, wenn die Liebe durch euch hindurchströmt. Fühlt, wie sie euch segnet, wie sie jede Zelle eures Körpers küsst, wie sie jedes Teilchen der Liebe, die ihr seid, erleuchtet, wie sie mit dem Licht in jedem einzelnen Atom, mit dem Leben, das ihr seid, in Resonanz geht. Wie fühlt es sich an, wirklich das Herz Gottes zu sein?

Atmet ein und werdet zu dem offenen Herzen, das mit der allumfassenden Liebe kommuniziert. Atmet aus, wenn die Liebe durch die Öffnung, die ihr selbst seid, hindurchströmt und Gottes Liebe in die Welt kommt. Achtet darauf, wie es sich anfühlt, von dieser Liebe berührt zu werden, ihr Medium zu sein, ihr Gefäß zu sein. Erlaubt der Liebe durch euch hindurchzuströmen und erlaubt dann eurem Verstand es wahrzunehmen, *nachdem* es geschehen ist. Achtet darauf, wenn ihr könnt, wie diese Liebe die Wahrheit dessen, wer ihr seid, eure Existenz, ehrt.

Während ihr spürt, wie die Liebe durch euch hindurchströmt, dehnt euch immer weiter aus und seid euch immer mehr des Herzens bewusst, das ihr seid. Dehnt euch aus, bis nichts Anderes mehr da ist. Keine Persönlichkeit, kein Körper, nur die wundervolle Öffnung für die Liebe. Spürt die Feier des Lebens, die Begeisterung, die Freude, wenn diese Liebe durch euch strömt. Nehmt wahr, dass da nur die Liebe ist, die euch durchspült, euch durchfließt, euch schnell durchströmt, ohne irgendwelche Unterschiede zu machen. Sie geht nicht nur zu bestimmten Stellen und meidet andere. Sie erachtet nicht bestimmte Leben als ihrer wert und andere nicht. Sie strömt einfach durch euch hindurch. Das gesamte manifestierte Leben wird durch uns hindurch geliebt. Der strömende, tanzende Fluss der lebendigen Liebe fließt durch das Herz Gottes, das wir sind.

Und jetzt bringt euer Bewusstsein genau an den Punkt, der die Öffnung des Herzens darstellt, den Bereich, durch den Gottes Liebe hindurchströmt, das Fenster des Geistes – das Herz – und lasst zu, dass vor dieser Öffnung etwas emporsteigt, das den Durchfluss dieser Liebe behindert. Etwas, das eine Überzeugung oder ein Teil von euch ist, der ihr zu sein glaubt; etwas, das Vergebung und Loslassen benötigt. Lasst zu, dass es von innen heraus aufsteigen kann, aus der Weisheit heraus, dass Gott bei euch ist. Haltet es dort, direkt vor der Öffnung, die euer Herz ist.

Verbindet euch jetzt beim Einatmen mit der wundervollen allumfassenden Liebe Gottes und erlaubt dieser Liebe durch euer Herz zu strömen, um diese Schwachstelle, diesen Teil, der befreit werden will, zu lieben. Zu lieben und noch inniger zu lieben; die Liebe mit Leidenschaft und Zärtlichkeit, mit der gesamten Wucht des Lebensflusses auf diesen Teil einströmen zu lassen, um zu ihm vorzudringen und ihn emporzuheben, so dass euer Herz sich aus seinem Griff lösen kann. Die Liebe umspült ihn zärtlich, bis ihr seht, wie er sich auflöst; bis an der Stelle, an der eine Blockade war, nur noch lebendige Liebe existiert. Wisst, dass alles, was dieser Liebe ausgesetzt wird, sich auflösen muss und seine Energie endlich befreit wird.

Und wenn ihr jetzt einatmet, werdet ihr von allem was Gott ist gehalten. Ihr werdet in einer derart herrlichen Liebe gehalten, die euch mit einer so zarten Freude und Liebe erfüllt, dass jede Faser eures Wesens sich sicher ist, Gottes persönliche Unterstützung zu erhalten. Ihr schwebt in einem Zustand von Fülle und Vollkommenheit – der Vollkommenheit von Gottes Liebe für euch. Ihr ruht im Ozean Gottes und ihr seid von einer Klarheit erfüllt, die ihr nie gekannt habt – der Erfahrung, wie Gott euch eure einzigartige Schönheit zeigt, die Wahrheit eurer Schöpfung.

Diese wundervolle, alles umfassende, persönliche und doch grenzenlose Liebe Gottes lässt euch die ganze Macht eures Herzens erkennen, so dass jetzt...

Wenn ihr ausatmet, Gottes Liebe nun völlig ungehindert durch euch fließt. Die Öffnung, die das Zentrum eures Wesens ist, das große Herz, das ihr seid, ist von Ekstase erfüllt, denn jetzt ist es euch bewusst, dass genau diese zärtlich erhebende, tiefe persönliche Liebe Gottes, die ihr erfahren habt, durch euer Herz strömen kann. Auf diese Weise kann Gott auch Andere durch die heilige Öffnung für die Liebe, die ihr seid, erreichen. Das „Fenster" eures Geistes, das Zentrum eures Wesens, euer Herz, ist kristallklar.

Beim Einatmen spürt ihr die süße Unterstützung von allem was Gott ist und euer wahres Selbst wird euch gespiegelt. Beim Ausatmen erfahrt ihr euch als das klare, unbehinderte Herz, durch das Gott die Welt jetzt vollkommen liebt. Durch euch wird Gott jeden Menschen, jede Pflanze, jedes Teilchen einer Energie lieben. Und wenn die göttliche Liebe sich ständig durch euch hindurch bewegt, werdet ihr geben, ohne irgendeinen Gedanken oder Wunsch zu haben etwas zu bekommen. Genauso werdet ihr wirklich alles erhalten, was ihr gebt, und es ist jetzt all das, was Gott durch euch gibt; es multipliziert sich und wird eurem offenen und annehmenden Herzen überbracht.

Ihr habt jetzt die Zusicherung, dass alle Hindernisse durch Gott aus eurem Herzen entfernt werden. So könnt ihr einfach in dieser Sicherheit ruhen, dass Gott jetzt in jedem einzelnen Augenblick die Arbeit der Liebe in und durch euch tun wird.

Anmerkung zu: Das Auflösen von Blockaden, welche die Herzöffnung behindern. Auszug aus den **Botschaften von Gott** durch Yaël Powell, Circle of Light.

„Die Blockaden in eurem Herzen, im Herzen jedes Einzelnen von euch, lösen sich auf, wenn die Liebe auf sie trifft, so wie ein Knäuel Wolle sich abwickelt, und während es sich abwickelt, spielen sie sich noch einmal ab. Sie stellen den Projektor auf, ziehen die Leinwand herunter und spielen den Film in eurem Verstand ab. Denn natürlich ist es genau das, woraus das Leben im Ego besteht – Millionen von sich abspulenden ‚Filmen', welche die Überzeugungen des Verstandes immer und immer wieder darstellen, während das Licht meiner Liebe Einlass sucht.

Dennoch könnt ihr, die ihr jetzt beginnt, bewusst an den zentralen Punkt zu gelangen, Folgendes wissen. Je mehr ihr euren „Verstand verliert", desto weniger „neue Filme" werdet ihr kreieren und bald (schneller als ihr denkt) wird es keine „Filmrollen" mehr geben, die abgespielt werden. Wenn ihr „ja" zur Liebe sagt, erklärt ihr eure Bereitschaft, jene Blockaden aufzulösen. Das Licht meiner Liebe in den Kinosaal hineinzulassen. So wisst ihr – diejenigen, die erkennen, wie ihr Leben zu reiner Schönheit wird und zur Spiegelung ihres Herzens dass, wenn ihr plötzlich wieder „in dem Film" seid, es die Klärung jener Dinge *ist,* die das Herz verwirren, jener Dinge, die das „Pendel anstoßen", so dass es vom zentralen Punkt weg schwingt. Besonders, wenn ihr euch entscheidet, die euch gegebenen Werkzeuge [die oben abgedruckte Meditation] anzunehmen, dann wisst ihr mit Bestimmtheit, dass dies der Fall ist und dass es nicht lange dauern wird, bis ihr in der Lage sein werdet, in der Stille meiner Liebe zu verweilen und mir zu erlauben in jedem Augenblick durch euch zu leben."

Ein Brief von Gott an die Menschheit über die Erschaffung einer Welt der Liebe

Durch Yaël und Doug Powell

Meine Geliebten, meine geliebte Menschheit, ich lasse dies auf Lichtstrahlen und mit meiner zarten Liebe zu euch strömen, um eure wartenden Herzen zu berühren. Es enthält die Schlüssel für eure Erinnerung. Die Erinnerung an eure Schönheit und an all die verschiedenen Weisen, wie ich euch nach meinem Bild erschaffen habe. Und die Erinnerung an die Wahrheit der Liebe; daran, wie jedes menschliche Herz in Liebe geboren wurde und jedes menschliche Wesen ein Kind Gottes ist. Und die Erinnerung, dass euer Herz unsere Verbindung ist und dass eure mitschöpferische Macht durch dieses Herz lebt. Durch dieses Herz kommen Kostbarkeiten zu euch, all die Geschenke, die ich euch ewig geben werde. Durch dieses Herz werdet ihr euch jetzt erinnern und werdet feststellen, dass ihr für die Wahrheit der Liebe, die ihr seid, erwacht.

Wie sehr ich euch liebe! Ihr seid wahrlich das größte aller Wunder. Ihr seid mein eigenes Herz, lebendig und verkörpert, bereit, euch auszudehnen und immer wieder hinauszugehen, um die Liebe zu geben, die ihr seid. Ihr lasst die Liebe pulsieren, überraschen, lasst sie neu sein. Nur ihr, meine Geliebten, meine kostbaren, wundervollen Kinder, nur ihr könnt in atemloser Erwartung hinausgehen und die Liebe, die ich bin aus einer neuen Perspektive sehen. Habt ihr noch nicht über eure wunderbare Neugierde gestaunt? Darüber, wie unermüdlich ihr vorwärts geht, um der Welt zu begegnen und sie zu begrüßen? Und wie tief euch jede Ausdehnung von Schönheit bewegt? Das ist das Wunder eures mitschöpferischen Herzens.

Mein Wille für euch, für jeden von euch, für jedes süße, herrliche, goldene Kind Gottes, ist eine Welt des Friedens und ein Leben des Überflusses. Indem ihr mich anschaut, könnt ihr diese Dinge haben.

Euer Herz ist die Quelle eurer Macht, euer Schatz, eure Identität, euer Leben. Euer Herz ist für immer mit mir verbunden. Und durch euer Herz werdet ihr eure Segnungen erhalten, die Kostbarkeiten von Freude und Liebe und ständig größerer Fülle, die ich für euch bereithalte. Oh! Es ist mein wahrer Herzenswunsch, euch die Schlüssel zum Himmel zu übergeben, so dass ihr den Himmel hier auf Erden leben könnt – ja, und überall dort, wo ihr bis in alle Ewigkeit seid. Dazu ist es nur notwendig, dass ihr zu eurem Herzen zurückkehrt, um jene Freude am Leben zu finden, welche die wahre Resonanz des Herzens in sich trägt und das Füllhorn all des Guten ist, das als euer Leben und eure Welt hinausströmen soll.

Ich bin ein Gott der Liebe, meine Lieben. Für immer und ewig. Es gibt nichts außer der Liebe in mir. Lasst euer Herz tief bewegt sein in seiner Erinnerung an die große Wahrheit, denn hierauf beruhen die Rettung dieser kostbaren Welt und eure tausend Jahre des Friedens, der in Wirklichkeit immer weiter besteht. Ihr habt das irgendwo tief im Inneren gewusst. Ihr habt gewusst, dass ich Liebe bin und dass all das

Geschehene keinen Sinn hatte. All die Kriege und Krankheiten, Brüder, die sich von ihren Brüdern abwandten, die Armut, der Schmerz, sogar das Altern und der Tod. Oh, ihr Lieben, ich habe euch gehört, als ihr in der dunklen Nacht eurer Seele aufgeschrien habt, um Antworten zu finden. Wie jeder Einzelne von euch die Frage gestellt hat: „Wenn Gott uns liebt, warum würde Gott dann Kinder erschaffen, die Krebs haben und ganze Völker, die am Verhungern sind; so abgemagert, dass sie bereits wie Skelette aussehen?" Das erschien euch nicht als gerecht. Das, ihr Lieben, war die Botschaft eures Herzens, das versuchte euch die Wahrheit zu zeigen. Und wenn ihr gefragt habt: „Gott, warum bin ich hier, was ist der Sinn meines Lebens?" habt ihr auf den Schubs von eurem Herzen reagiert. Aber einige, die ihre Herzen nicht vernahmen, haben sich abgewandt und geglaubt, dass ich kein liebender Vater für meine Kinder sein könnte, wenn ich eine solche Welt des Schreckens kreierte.

Jetzt ist es Zeit für die Wahrheit. Ihr seid bereit. Und diejenigen unter euch, die dies lesen und bereits wissen, bitte ich, dass sie ihr Engagement vergrößern, es auch wirklich zu leben und an meine anderen kostbaren Kinder weiterzugeben. Diejenigen, die dies lesen und für unvorstellbar halten, bitte ich darum, euch für einen Moment tief auf euer Herz zu konzentrieren und zuzulassen, dass es eine Möglichkeit sein kann. Dann gebt es an Andere weitere, so dass jede Hand, jedes Augenpaar, jedes Herz, das mit diesem lichtvollen Brief in Kontakt kommt, auch einen Moment inne halten kann, um das Aussäen dieser Möglichkeit in ihrem Leben zu erlauben.

Ihr Geliebten, ich liebe euch. Ich liebe euch mit einer Liebe, so groß wie der Kosmos selbst. Ich liebe euch mit einer Freude an eurer Existenz, welche in jedem Augenblick stärker hinausströmt. Ich liebe euch als das eigentliche Herz in mir. Ich liebe euch und meine Liebe schwankt nie, verändert sich nie, hört niemals auf. Ich sehne mich danach, dass ihr das wisst, dass ihr unsere süße Verbundenheit spürt. Ich sehne mich danach, all die Schätze der Schöpfung vor euch auszubreiten. Ihr gehört zu mir. Jetzt. Und jetzt. Für immer. Und nichts kann das jemals ändern. Es ist eine Tatsache eurer Existenz.

Ich habe diese Welt des Schmerzes nicht erschaffen. Ihr habt es getan. Ihr habt es getan, als ihr euch entschieden habt, an das Gute, an die Liebe *und* an etwas Anderes zu glauben, das ihr als das Gegenteil der Liebe bezeichnet habt. Nennt es den Moment im Garten Eden, als ihr die Frucht der Erkenntnis von Gut und Böse aßt. Nennt es das erste Urteil. Wie auch immer ihr es nennt, ihr Geliebten, es ist eure eigene Schöpfung. Und ihr habt euch selbst für fähig erklärt, zu entscheiden, was gut und was böse war und so begann die Welt der Dualität, des Lichtes *und* der Dunkelheit, der Liebe und Anti-Liebe. Aber, kostbare Menschheit, ich bin nur Liebe. Und da ihr in mir lebt, seid auch ihr nur Liebe. So musstet ihr eine falsche Welt kreieren, einen Ort der Täuschung, an dem Dunkelheit existieren konnte, denn sie kann nicht in dem existieren, das ewig nur Licht ist und das ich bin.

Seitdem seid ihr in der Wüste eures mitschöpferischen Verstandes umhergewandert. Denn, wenn euer Herz, das mit mir verbunden ist, die Wahrheit der reinen Liebe kennt, dann musstet ihr einen anderen Weg finden, um ein duales Szenario zu betrachten und so habt ihr als Werkzeug euren Verstand entwickelt. Oh, ihr Lieben, ich beabsichtige nicht, mich in langen Erklärungen zu verlieren. Alles, was ich euch zu sagen habe, ist, dass ihr nur Liebe seid. Und je mehr ihr euch entscheidet aus eurem Herzen heraus zu leben, umso klarer und immer klarer werdet ihr die Welt so sehen, wie sie wirklich ist. Umso mehr werdet ihr die wahre Liebe Gottes erfahren, die Liebe, in der ich euch in jedem einzelnen Moment halte.

Heute lebt ihr in einer Welt am Rande des Krieges, in einer Welt, die von Negativität und so viel Schmerz erfüllt ist, dass ihr euch betäuben müsst, um zu überleben. Ihr habt also nichts zu verlieren, wenn ihr ausprobiert, was ich euch jetzt zeige. Wenn ihr wisst, dass ich nur Liebe bin, dann müsst ihr wissen, dass ich die Welt eures Erbes ewig für euch halte, die Welt der freudigen Ekstase und des wundervollen Überflusses. Ihr wisst, dass ich keine Macht bin, die ihr zur Überwindung der Dunkelheit anrufen könnt, denn in mir gibt es die Dunkelheit nicht. Ihr wisst, dass in jedem Augenblick, in dem ihr euch mit mir verbindet, ihr euch mit der Liebe und Vollkommenheit verbindet, die ich immer für euch gehalten habe und es immer tun werde. Ich bin unwandelbare Liebe. In der Wahrheit dieser Liebe gibt es keine Negativität.

Was also hat es mit dieser Welt des Schmerzes auf sich, die ihr vor euch seht? Mit den Kriegen und Kriegsgerüchten? Mit der Angst und all den Erfahrungen, die immer wieder in eurem Leben auftauchen? Das seid ihr, ihr Geliebten, und ihr träumt. Das seid ihr und ihr habt euch in den Millionen von Fäden verloren, in den Möglichkeiten, die von eurer

Entscheidung ausgehen, an das Gute *und* Böse zu glauben. Und genauso, wie ihr nachts träumt und eure Träume sich wahr anfühlen, ist es auch mit dieser Welt. So völlig wahr und von Schmerz erfüllt fühlt sie sich an.

Es gibt eine andere Art zu leben. Sie besteht darin, jeden Morgen vor dieser Welt der Lügen zu stehen und sich zu entscheiden nur in der Liebe zu leben. Bewusst die Illusion des Urteils abzulehnen, dass es das Gute und das Böse gibt. Euren Willen in meinen zu legen und darum zu bitten, dass ich euch soweit emporhebe, dass ihr den Unterschied sehen könnt. Den Unterschied zwischen der Wahrheit der Liebe, die in eurem Herzen lebt, und dieser Welt von wirbelnder Negativität, die in eurem Verstand lebendig ist.

Und wenn ihr erst wisst, dass ich Liebe bin und dass ihr ewig in mir lebendig seid, dann werdet ihr wirklich in Frieden durch diese Welt gehen. Wenn ihr wisst, dass ich euer Zuhause bin und ihr das Herz bekräftigt, könntet ihr durch eine vom Krieg zerrissene Landschaft laufen, Bomben könnten um euch herum herabfallen und ihr würdet wissen, dass keine davon euch treffen könnte und dass keine davon euer Zuhause treffen könnte.

Ich werde eure Fragen beantworten. „Was ist mit den Anderen?" ruft euer Herz aus. „Wozu ist es gut, dass ich bei dir sicher bin, Gott, wenn überall um mich herum die Menschen leiden?" Ihr Geliebten, die Antwort ist: Wenn ihr den Traum freigebt, wenn ihr euren Willen an mich zurückgebt, wenn ihr euch innerhalb der Wahrheit der Liebe, die wir zusammen sind, bewegt, dann entsteht um euch herum eine Aura des Friedens; die lebendige Liebe, zu der ihr werdet, erscheint wie ein großer Lichtball. Am Anfang mag es nur *euer* Leben von der Illusion befreien, wenn euer Vertrauen in die Liebe euch in den Himmel zurückbringt, in den ihr gehört. Und wenn ihr euch Entscheidung für Entscheidung und Tag für Tag bezüglich eurer Identität an mich wendet und nicht an die Welt, von der ihr glaubtet sie existiere außerhalb von euch. Aber dieses Licht wächst mit jedem Tag – genauso, wie es geschehen würde, wenn ihr das elektrische Licht in einer dunklen Kammer voller beängstigender Gestalten anschalten würdet. Das Licht füllt jeden Winkel aus – es gibt keine Dunkelheit mehr – und alles, was so bedrohlich erschien, wird zu etwas Neutralem. Zu etwas, das ihr verändern könnt, indem ihr die alten Möbel hinausräumt oder zu etwas, von dem ihr zumindest wisst, dass es harmlos ist.

In dem Maße, in dem ihr in eurer Fähigkeit wachst, auf mich eingestellt zu bleiben, die Welt zu wählen, die euer Geburtsrecht als ein Kind Gottes ist, in diesem Maße vergrößert sich das Ausmaß des Lichtes, das euch umgibt. Zuerst beginnt es eure Nachbarn zu erhellen. Plötzlich können sie erkennen, dass keine schrecklichen Dinge in ihrem Leben lauern; dass sie frei sind, sich für das Glücklichsein zu entscheiden, Freude zu haben. Und mit jedem Moment, den ihr in Verbundenheit mit der Wahrheit eures Herzens verbringt, wird das Licht der Wahrheit um euch herum größer... bis es sich auf die Nachbarschaft auswirkt und dann auf die Stadt, in der ihr lebt, und auf die Region und dann auf den Staat, in dem ihr lebt. Und am Ende werdet ihr das Gleiche tun, was Jesus tat: Überall, wo ihr seid, werden die Menschen erkennen, dass sie in Wahrheit Liebe sind und wenn sie dies von ganzem Herzen wissen, dann werden sie ihre Krankheiten, ihre Probleme und Konflikte hinter sich lassen – einfach, indem sie die Macht eures Lichtes erfahren, während ihr in eurem Leben ausschließlich die Liebe lebt.

Wenn dann Andere das Gleiche tun, werdet ihr bald in die Welt hinausgehen und die Illusion der Negativität wird sich dann auflösen. Ihr werdet „das Licht im Kinosaal angeschaltet haben", in dem Saal, den ihr als die Welt bezeichnet, und alle, die glaubten das Leben sei ein Kampf, werden plötzlich befreit werden.

In eurer westlichen Welt gibt es in der Bibel eine Passage von ihm, der kam, um euch den Weg zur Wahrheit des Herzens zu zeigen: „Ihr könnt nicht Gott dienen und dem Mammon." Genau das bedeutet es. Ihr könnt nicht an eine Welt von Gut und Böse glauben und gleichzeitig versuchen ein Leben der Liebe zu erschaffen. Denn innerhalb des Traums der Dualität enthält jede Entscheidung für die Liebe auch ihr Gegenteil.

Ihr Geliebten, wenn euch dies anspricht, wenn es etwas in eurem Herzen bewegt (oder natürlich, wenn ihr ausruft: „Ja, das weiß ich!), dann seid ihr hier, um den Weg zu weisen. Seid hier, um mein Antlitz, meine Liebe in jedem menschlichen Wesen zu sehen, unabhängig davon, welche Rolle sie jetzt gerade in dem Traum von Gut und Böse spielen, von Liebe und Anti-Liebe. Ihr seid hier, um das Neue aufzubauen, den Himmel der lebendigen Liebe hervorzubringen, in dem zu leben immer eure Bestimmung ist. Wendet euch mir zu und ich werde euch täglich, in jedem kostbaren Augenblick zeigen, wer ihr seid -

ein so wunderschönes Kind der Liebe, dass euer Mantel aus Sternen gewoben und euer Herz eine lebendige Sonne ist, welche die Dunkelheit erhellt und nur das Licht scheinen lässt. Gebt mir euren Willen, lasst mich euch emporheben, so dass ihr in jedem Moment die Einheit der Liebe erkennen könnt. Wie die ganze Schöpfung mein Wesen ist und jeder Teil, herrlich und voller Freude, in einem Wirbel von süßem, explodierendem Leben tanzt. Ich werde euch helfen, über die Dualität hinaus zu sehen, den Schleier zu heben, hinter dem der Traum der Trennung lebt, der von meinen Kindern geträumt wird. Ich bin nur Liebe. Und euer Herz ist der Schlüssel zu den Schätzen, die für euch jenseits der Zeit bereitgehalten werden. Zeit – die illusorische Schöpfung, die daraus entsteht, dass ein Pendeln vom Guten zum Schlechten erfahrbar gemacht wird.

Ihr Geliebten, ich spreche zu denen, deren Herzen es gewusst haben, es tief im Inneren gewusst haben, dass ich eine solche Welt nicht erschaffen würde, wie diejenige, die ihr vor euch seht. Es kann ein Leichtes sein, sich nicht mehr dafür zu engagieren, aber ihr habt die Illusion lange Zeit gelebt. Daher könnt ihr einander dabei helfen. Euch dabei helfen, eure Aufmerksamkeit auf eure Herzen zu richten und die Macht der Liebe, die ihr dort findet, einzusetzen, um jene Welt damit zu erfüllen, die ihr wollt – und nicht die Welt, die jetzt verschwindet, die Welt voller Schmerz. Ihr seid Mitschöpfer. Nach meinem Bilde erschaffen, erinnert ihr euch? Es ist wahr. Ihr seid nach meinem Bilde erschaffen und somit manifestiert ihr die Überzeugungen eures Herzens. Erinnert euch, dass wir über das Herz verbunden sind, so dass all die Macht, all das Licht, all die Liebe, die ich zu euch strömen lasse, direkt und unfehlbar in und durch euer Herz geht. Ich bin Schöpfer; ich bin Liebe, die sich durch euch ausdehnt.

Und mein Bündnis mit euch, meine Kinder, besteht darin, dass ich immer und ewig die Wünsche eures Herzens gewähren werde. Das ist das Versprechen, das jedem Einzelnen von euch im Augenblick eurer Erschaffung als Kinder der Liebe, die ich bin, gegeben wurde. Wenn ihr also tief in eurem Herzen Angst habt, wenn ihr glaubt, dass euer Herz gebrochen ist (achtet auf diese Worte), wenn ihr Angst habt, die Liebe könne euch verletzen, wenn ihr euch selbst schützt, wenn ihr jeden Moment darauf wartet, dass „euch etwas auf den Kopf fällt", wenn ihr das Gefühl habt, die Welt sei hoffnungslos, wenn ihr das Gefühl habt, das Leben sei es nicht wert, wenn ihr das Gefühl habt, das Ende der Welt stehe bevor, sei es aufgrund der Umweltverschmutzung oder durch Chaos und Krieg, dann sind dies diese tiefen Empfindungen zum Leben – dann sind dies die Überzeugungen eures Herzens. Und somit, ihr Geliebten, werden sie sich *nach unserem Bündnis* vor euch manifestieren. Denn, wenn die Liebe, die ich bin, zu euch strömt, wird, was auch immer vor die Öffnung eures Herzens gehalten wird, als eure Mitschöpfung von der Liebe ins Leben gerufen werden.

Folglich erkennt ihr jetzt, dass, wenn ihr zum Beispiel mit Zorn in eurem Herzen vor dem Weißen Haus steht, in dem Glauben, dass sich nichts ändert, dass die Regierung korrupt ist und – was noch schlimmer ist – ihr in dem Tempel Gottes, der ihr seid, Hass beherbergt, dann wird es genau das sein, ihr Lieben, wovon ihr noch mehr haben werdet.

Ihr seid das Wertvollste im Universum – das Herz Gottes, das hinausgegangen ist, um zu erschaffen. Nur mit der Liebe kann man wirklich erschaffen. Aber wenn ihr Liebe und Anti-Liebe wählt, dann wendet ihr euer Gesicht von der Liebe ab und sucht nach eurer Identität, indem ihr in die Welt hinausspäht, die ihr geschaffen habt. Oh, ihr kostbaren Menschen, findet sie nicht dort! Bitte erwacht für die Wahrheit der Liebe. Setzt all eure Ressourcen für euer wahres und wunderbares Herz ein. Ich verspreche euch, dass die Liebe die einzige Macht ist. Und dass es wirklich euer Herz ist, mit dem ihr immer das kreieren werdet, was ihr erfahrt, sei es jetzt auf der Erde oder später „nach dem Tod". Es gibt kein Vorankommen, kein gut und schlecht, kein besser oder am besten. Es gibt nur die Wahrheit der Liebe oder den Traum der Trennung.

Wenn ihr diesen Sprung schafft, dann seid ihr diejenigen, welche die Brücke zwischen Himmel und Erde bilden, die beginnen, das Paradies zurückzufordern, das ihr nie wirklich verlassen habt. Doch wenn ihr das nicht könnt, dann lasst euer Vertrauen in die Liebe weiterhin wachsen. Es ist gut für den Frieden zu beten, denn, obwohl es den Glauben an sein Gegenteil beinhaltet, benutzt ihr in den Momenten, in denen ihr euch auf die Liebe konzentriert, euer mitschöpferisches Bewusstsein, um euch immer mehr zu erheben und der Einheit der Liebe näher zu kommen. Es ist jedoch am Besten (und ich benutze diese Worte, weil sie hier relevant sind), es ist der wahre Weg, es ist der Weg, den euch Jesus gezeigt hat, nur die Liebe zu sehen. Die ganze Macht eures Herzens nur auf das Paradies der Liebe zu richten, welches diese Erde in Wahrheit ist, und nichts von eurer Energie in die Illusion zu investieren, dass ich jemals irgendetwas Anderes als Liebe erschaffen kann.

Seht ihr? Seht ihr, wie das alles eine Phantasie sein muss, wenn in mir die Dunkelheit nicht existiert? Wenn ich alles bin was ist – und das bin ich, dann gibt es nirgendwo in der Schöpfung etwas Anderes als die Liebe. Oh, ihr Lieben, das verspreche ich euch. Ihr wurdet in Liebe erschaffen, als eine wundervolle Reproduktion dessen, was ich als Schöpfer bin. Und so seid ihr wirklich als Zwillingsflammen entstanden, die Kräfte des Göttlichen. Der Ozean der Liebe, das göttlich Weibliche und darauf die große Bewegung meines Willens, das göttlich Männliche. Geboren als ein Wesen mit zwei Anteilen von bewusster Liebe, existiert ihr für immer in einer herausragenden Einheit von Liebe und zündet gemeinsam den Funken, um mit mir mehr Liebe zu erschaffen.

Ich rufe euch nach Hause zurück. Nach Hause zur Einheit der Liebe, die ich bin und die ihr in mir seid. Jeder Gedanke für den Frieden, jedes Gebet ist wertvoll und jeder Dienst an Anderen im Namen der Liebe ist ein Stern in der Nacht dieses „Beutels der Dualität". Aber der wahre Dienst, für den viele von euch gekommen sind, besteht darin, euch in der Überzeugung zusammenzuschließen – ein Herz nach dem anderen – dass die Liebe allein die Wahrheit ist. Und er besteht darin, ein Netz aus euren herrlichen Auren des Lichtes zu bilden, um die Welt von der Umkehrung zu befreien, die vom Glauben der Menschheit an Gut und Böse verursacht wurde.

Danke, meine Geliebte, mein Geliebter, dass du dies liest. Fühlst du meine lebendige Anwesenheit in deinem Herzen? Siehst du das Licht hinter diesen Worten, die Päckchen der Liebe, die ich jetzt überbringe? Dann wirst du gerufen, meine Geliebte, mein Geliebter. Gerufen, dich an eine Welt aus reiner Liebe zu erinnern. Gerufen, diese Vorstellung so oft vor dich zu halten, bis sie tief in dein Herz sinkt und zu deinem alleinigen Wunsch wird - meinen Kindern ihr Geburtsrecht zurückzugeben. Ihr habt Engel überall um euch herum. Eure Hände werden von Inkarnation zu Inkarnation von den Meistern gehalten, die euch vorangehen, um den Weg zu pflastern. Jede eurer Affirmationen über die Welt der Liebe, die ihr wählt, wird von den Erzengeln ausgerufen, wenn ihre Posaunen durch alle Himmel erklingen: „Ein Kind Gottes erwacht! Ein Kind Gottes erwacht!" Und Chöre von Wesen, lebendige Sterne größer als eure Sonne, tragen die Botschaft weiter, dass die ganze Liebe, die ich bin, von Freude erfüllt ist. Denn jedes Kind Gottes, das zurückkehrt, heilt jene vielen Leben, jene Träume von Anti-Liebe, die aus seinem kreativen Herzen hervorgegangen sind. Und der gesamte Kosmos ist froh, weil ein Loch in meinem Herzen geheilt wird, das durch euer Abwenden hin zur „Dunkelheit" verursacht wurde. Das Herz Gottes wird heil, oh, aber noch viel mehr als das: die Liebe, die ich bin, geht wieder hinaus und das seid ihr selbst, um neue Dinge für uns zu erschaffen, die wir gemeinsam lieben können.

Ich rufe. Ihr könnt mich hören. Es wird jetzt nicht mehr lange dauern, ihr Geliebten.

Über die Autoren

Yaël und Doug Powell leben in dem spirituellen Zentrum *Circle of Light* in Eureka Springs, Arkansas, mit Blick über den Bibersee und das Ozark Plateau. Sowohl Yaël als auch Doug sind ordinierte Geistliche und in der schönen Kapelle von *Circle of Light* finden regelmäßig wundervolle heilige Hochzeiten statt.

Yaël verbringt aufgrund ihrer von einer schweren körperlichen Behinderung verursachten Schmerzen einen großen Teil ihrer Zeit im Bett. Die Zeit, in der sie aufstehen kann, verbringt sie damit, Trauungen vorzunehmen oder die Botschaften von Gott während der Meditation zu empfangen. Doug ist ein Künstler und begabter Handwerker, der mit den Materialien Ton und Holz arbeitet. Wenn es windig ist, sieht man ihn mit Sicherheit seiner lebenslangen Leidenschaft nachgehen – dem Segeln! Shanna Mac Lean, welche die Botschaften zusammenstellt und herausgibt, lebt auch im *Circle of Light* Zentrum. Wenn sie nicht am Computer arbeitet, kann man sie im biologisch angelegten Gemüsegarten finden.

Vervollständigt wird die *Circle of Light* Familie durch ihre wunderbaren Tiergefährten. Christos (Rüde) und Angel (Weibchen) sind ihre beiden geliebten Pomeranian Spitze. Ariel (Duff Duff) ist eine ganz weiße Katze, die sich am liebsten im Garten aufhält. Dann gibt es noch den Kater Magic Cat, der seit 15 Jahren bei Yaël ist. Sie haben eine sehr tiefe und spezielle Verbindung. Magic Cat hat über Yaël Botschaften durchgegeben, um den Menschen dabei zu helfen das Netz des Lebens zu verstehen, welche im Buch *Magic Cat erklärt uns Gott* veröffentlicht wurden.

Sag ‚Ja' zur Liebe

in dieser neuen Serie des Lippert-Verlages erscheinen nach und nach in Deutsch die Bücher von Yaël und Doug Powell. Aktuelle Informationen befinden sich jeweils auf *www.lippert-verlag.de* oder beim Verlag anfordern (siehe Seite 4).

Weitere Bücher aus dem Lippert-Verlag

Nachfolgend stellen wir Ihnen einige weitere Bücher und CDs aus dem Lippert-Verlag vor. Unser Gesamtprogramm senden wir Ihnen gerne kostenlos zu (s.S. 4 oder im Internet *www.lippert-verlag.de, info@lippert-verlag.de*).

Renate Lippert - Der Transformationsprozess
Buch, ca. 96 S., **inklusive Transformations-CD,** *EUR 24,90/CHF 49,90.* Portofreie Zusendung

Wir leben in Zeiten der Transformation, der Veränderung und der Wandlung und erhielten die Gelegenheit, in dieser Zeit des intensiven spirituellen Wachstums hier auf Erden inkarniert zu sein. Doch was bedeutet dieser Transformationsprozess für uns? Was erfordert er von uns? Wie können wir die tief sitzenden Muster in uns lösen, unseren Körper und unseren Alltag der Schwingungserhöhung anpassen und dennoch den wachsenden Anforderungen des äußeren Lebens gerecht werden? Wie können wir das, was wir seit Leben mit uns herumtragen und als Generationenmuster immer weitergegeben wurde, nun "in diesem Leben" auflösen und gleichzeitig in Balance bleiben? Die beiliegende, von der Autorin geführte Transformations-CD, enthält unterstützende Übungen und Meditationen, hilft die eigenen Transformations- und Schattenthemen zu erkennen und in Kontakt mit der Christusenergie und der Gnadenschwingung umzuwandeln.

CD Aufstiegsaktivierungen ISIS, EUR 21,90/CHF 35,90
Dr. Joshua David Stone, in Deutsch gesprochen von Renate Lippert

1. ISIS, die Große Pyramide und die Sphinx - Aufstiegsaktivierungs-Meditation 48:51
2. Die Verschmelzung deines Christusselbst mit deinem niederen Selbst 10:16

Diese sehr energiereiche Aufstiegsaktivierungs-Meditation mit Isis in der Großen Pyramide leitet uns durch die sieben Einweihungen zum Aufstieg hindurch. Wir verbinden uns energetisch mit den großen Meistern und erfahren ihre hohe Lichtschwingung und energetische Unterstützung während dieses Prozesses. Die zweite Meditation der CD Verschmelzung deines Christusselbst mit deinem niederen Selbst wirkt ebenfalls sehr schwingungserhöhend. Dieser Vorgang ist ein entscheidender Schritt in deiner spirituellen Entwicklung.

Dr. Joshua David Stone
Dein Weg zu finanziellem Erfolg
auf spiritueller Basis, *346 S. EUR 24,90/CHF 49,90*

Dies ist ein sehr außergewöhnliches Buch darüber, wie man finanziellen und geschäftlichen Erfolg auf spiritueller Basis erlangen kann! Es enthält die inneren Geheimnisse der Zeitalter, wie man die Gabe des Königs Midas erhält, alles Berührte in Gold zu verwandeln! Es ist ein meisterhaft zusammengefasstes Buch aus spiritueller, psychologischer und irdischer Perspektive darüber, wie man wirklich finanziell erfolgreich in seiner Arbeit wird, indem man die enthaltenen spirituellen Geheimnisse anwendet. Viele Lichtarbeiter und Menschen haben Probleme in diesem Bereich. Dieses Buch offenbart die Schlüssel zur Überwindung dieser Probleme auf allen drei Ebenen.

Rudolf Lippert CD zum Buch, *EUR 19,90/CHF 32,90*
Dein Weg zu finanziellem Erfolg auf spiritueller Basis

Diese CD enthält spezielle Übungen und Meditationen in denen wir uns bewusst in Verbindung mit unseren persönlichen geistigen Helfern und den Aufgestiegenen Meistern bringen. Wir rufen eine "spirituelle Konferenz" ein und verwenden eine ganz spezielle Flammentechnik, um den äußeren Erfolg unserer inneren und äußeren Arbeit zu manifestieren. Diese Methode ist besonders wertvoll, da sie äußeren und finanziellen Erfolg auf Grundlage der Anwendung geistiger Gesetze bewirkt. Dies öffnet doch die Schleusen für die Fülle im Leben.

Kosmische Aufstiegsaktivierung im Tempel Gottes   38:15
Dr. Joshua David Stone - gesprochen von Rudolf Lippert **Die Schutzmeditation   39:42**

Durch die kraftvollen Schutzrituale der verschiedenen Meisterinnen und Meister, Engel und geistigen Wesen errichten wir in dieser intensiven Schutzmeditation einen permanenten Schutz um uns und unser Heim. Dieser umfassende Schutz kann in Sekundenschnelle täglich reaktiviert werden. Wir erfahren durch diesen beständigen Schutz auch eine Zunahme unserer persönlichen Kraft! Eine äußerst wertvolle Hilfe für den Aufstiegsprozess! Im Tempel Gottes empfangen wir die wundervollen schwingungserhöhenden Segnungen verschiedener Aufgestiegener Meister, Erzengel und wundervollen geistigen Wesen, welche unseren Aufstiegsprozess aktivieren. **CD EUR 21,90/CHF 35,90**

CD Aufgestiegene Meisterinnen, *EUR 19,90/CHF 32,90*

Sprecherin & Autorin: Renate Lippert

1. Quan Yin - Barmherzigkeit und Mitgefühl 18:15

2. Mutter Maria - Die reine Vergebung des Herzens 25:01

3. Lady Nada - Hoffnung und Liebe 19:00

4. Pallas Athene - Göttin der Wahrheit 15:38

Diese Meditationen bringen uns in Kontakt mit den weiblichen Energien der Aufgestiegenen Meisterinnen. Wir erfahren ihre bedingungslose Liebe, Barmherzigkeit, Gnade, mütterliche Fürsorge, ihr Mitgefühl und ihre heilende Kraft wie auch ihre Stärke, Entschlossenheit, Durchsetzungskraft und ihren Mut. Die Hinwendung zur weiblichen Kraft ist sowohl für Frauen wie auch für Männer von entscheidender Bedeutung. Durch die Balance der weiblichen und männlichen Energien können wir die Dualität überwinden und uns dem Einssein mit allem Leben öffnen.

CD Mutter Maria - Der Segen der göttlichen Gnade
Sprecherin und Autorin: Renate Lippert
Spieldauer: 58:42, EUR 19,90/CHF 32,90

1.) Einleitung 1:29 / 2.) Herzensverbindung, Schutz und Begleitung 8:53   3.) Hingabe 11:05 / 4.) Transformation und Heilung 19:25 / 5.) Kurzübung - Einstimmung auf den Kontakt mit Mutter Maria 2:06
6.) Göttliche Kraft in dir 15:27

CD Christus - Meditationen, Sprecherin und Autorin: Renate Lippert
Gesamtspieldauer: 70:38, EUR 19,90/CHF 32,90

1. Einleitung
2. Die Liebesflamme im Herzen
3. Lege alles zu seinen Füßen
4. Begegnung mit Christus in dir
5. Die sieben Stufen zum Aufstieg

Die bedingungslose Liebe und Barmherzigkeit von Christus ergießt sich in jedes Menschenherz. Er ist unser Begleiter und Erlöser, der uns auf unserem geistigen Entwicklungsweg beisteht, tröstet, führt, schützt und bedingungslos liebt. Egal, welche Erfahrungen unser Lebensweg für uns bereithält, die unendliche Liebe von Christus, seine Gnadenschwingung und geistige Umarmung, die uns stets geborgen hält, beruhigt jeden Sturm unseres Lebens und schenkt uns Zuversicht, Mut, Kraft und Vertrauen.